Genießen mit Leib & Seele

Die besten Rezepte aus dem Golden Temple Restaurant aufgezeichent von Tarn Taran Kaur

Cover design: Sat Hari Singh
Layout: Jane Mack
Produktion/Satz: Sat Nam Versand & Verlag, D-Offenbach

ISBN 3-9805039-3-3

Innenteil aus 100 % Recycling-Papier

Vorwort

Willkommen in der Küche des Golden Temple Restaurants. Der Name des Restaurants bezieht sich auf den Goldenen Tempel in Amritsar im nordindischen Bundesstaat Punjab. Er ist das Hauptheiligtum der Sikhs – ein kleines Bauwerk aus Gold und Marmor, gelegen in der Mitte eines großen Wasser beckens.
Das Wasser, so sagt man, besitze Heilkraft für Körper, Geist und Seele. Der Tempel hat nach allen vier Himmelsrichtunge hin offene Tore. Sie symbolisieren seine Öffnung für jeden Menschen, ungeachtet seiner Hautfarbe oder Religion.

Yogi Bhajan sagt, dass das Singen des Namen Gottes im Goldenen Tempel die Energie des ganzen Planeten, der in sic selbst ein Organismus sei, inspiriere. Der Goldene Tempel schwinge als Hypophyse der Erde.
Ein Abreißen dieser Schwingung berühre die Erde als Ganzes Der Golden Temple in Amritsar bietet nicht nur Nahrung für die Seele. Jeden Tag werden zehntausend Menschen in seinen öffentlichen Küchen – den Langars – verpflegt.

Unserer Weltanschauung entspricht es außerdem, dass wir unseren Lebensunterhalt in einer Weise verdienen, die die Gesellschaft inspiriert und unterstützt.

Es ist die Haltung dieser Menschen und ihre Einstellung zur Nahrung und deren Zubereitung, die das Restaurant zu einer Oase für Körper, Geist und Seele werden läßt. Nahrung ist u heilig. Wir "würzen" sie, indem wir sie in höchstem Bewusstsein zubereiten.

1972 emigrierten mein Mann und ich nach Europa. In Amsterdam etablierten wir das erste Golden Temple Restaurant, mit internationaler vegetarischer Küche.
Zwei Jahre später begannen wir, durch Deutschland zu reisen und Kundalini-Yoga zu unterrichten. In Hamburg eröffneten wir eine Yoga-Schule und 1975 mit Hilfe einiger Freunde auch das Golden Temple Restaurant.

Die Ausübung von Yoga und Studien bei Yogi Bhajan haben meine Art zu kochen entscheidend beeinflusst.

Jede Frucht, jedes Gemüse, Gewürz, Kraut, Getreide, jeder Samen, jede Bohne und jedes Milchprodukt bekamen einen neuen Wert und eine neue Bedeutung für mich. Ich lernte, die Nahrungsmittel mit Liebe und Achtung zu betrachten und in ihre Farbe, Struktur, Geschmack und Aroma einzudringen. Das gebot mir, die Mahlzeiten in schöpferischer Weise herzustellen und ästhetisch anzurichten.

Wie bei allen anderen Tätigkeiten sind auch beim Kochen Bewusstsein und Kreativität die Schlüssel zum Gelingen. Solange dir bewußt ist, wer du bist und was du wirklich tust und du der kreativen Kraft erlaubst, durch dich als einen Kanal hindurchzufließen, wirst du deine Aufgaben erfolgreich vollenden.

Ich freue mich, wenn ich mit meinem Buch bewirke, Freude an der Kunst des Kochens zu vermitteln, Anregungen zu geben, phantasievolle Gerichte zu bereiten. Ich wünsche dir, dass jede deiner Mahlzeiten dazu beiträgt, dich körperlich, geistig und spirituell erhoben zu fühlen und dass jedes Mahl für dich und andere zu einem Vergnügen und Fest wird.

In Demut, Tarn Taran Kaur Khalsa im Juni 1987

Inhaltsverzeichnis

Gemüse – richtig behandelt

Leicht gegarte Gemüse, dabei bevorzugt dunkle grüne Blattgemüse, Vollkorngetreide und rohes Gemüse machen die vegetarische Küche aus. (Wichtige Ergänzung findet sie in Sojabohnen und Tofu. In kleinerem Maße werden auch Milchprodukte verwendet.)

Blanchieren
Kurzzeitiges Garen in sprudelnd kochendem Wasser. Benutze einen ausreichend großen Topf. Gieße das Wasser ab und verwahre es für Suppen oder Soßen. Schrecke das blanchierte Gemüse kurz unter kaltem Wasser ab. Der Kochprozess wird so gestoppt.

Dämpfen
Schonendes Garen. Dazu ist ein Siebeinsatz unentbehrlich. Habe nur soviel kochendes Wasser in einem Topf, dass das Dämpfgut in dem Einsatz nicht mit dem Wasser in Berührung kommt. Halte den Topf verschlossen. Das Wasser lässt sich weiterverwenden.

Häuten
Verfahre wie beim Blanchieren, doch tauche das Obst oder Gemüse nur für 20-60 Sekunden in das sprudelnde Wasser, schrecke es sofort ab. Haut oder Schale lässt sich dann einfach abziehen.

Kochen
Garen in kochender Flüssigkeit in geschlossenem Topf. Beachte, dass das Kochgut nicht zu weich kocht. Es soll Biss und Farbe behalten. Werden verschiedene Gemüse oder Früchte in einem Kochgang bereitet, so schneide die Sorten mit längerer Kochzeit in entsprechend kleinere Stücke. Verwahre wieder das Wasser.

Beschaffenheit der Töpfe
Vermeide Aluminiumtöpfe. Wähle Material wie Edelstahl, Gusseisen (sie sind allerdings sehr schwer) oder Kupfer. Der wichtigste Teil des Topfes ist sein Boden. Er sollte möglichst dick und aus leitfähigem Material sein. So wird die Hitze gleichmäßig verteilt. Gut schließende, doch nicht zu schwere Deckel sind ideal.

Mahlen, Zerstoßen

Gewürze, frische oder getrocknete Kräuter oder Samen werden in einem Marmor- oder in einem Steinmörser zerstoßen. In der vegetarischen Küche ist ein solches Gerät unentbehrlich.

Pürieren

Rohe oder gekochte Lebensmittel werden zu einer breiartigen Masse zerkleinert. Hilfen geben Pürierstab, Mixer oder Küchenmaschine. Pürierte Gemüse und Früchte sind leichter verdaulich, doch beachte, dass hierbei ein Teil ihrer Nährstoffe verloren geht.

Rösten von Mehl

In einer schweren Pfanne in wenig heißem Öl wird unter ständigem Rühren das Mehl geröstet. So wird es aufnahmefähig für Flüssigkeiten. Auch nach Zufügen von weiterer Flüssigkeit ist es wichtig, weiterzurühren. Für 1/2 l Soße braucht man 2 EL Vollweizenmehl.

Sautieren

In heißem Öl oder Ghee wird in einer offenen Pfanne oder Topf Gemüsegut kurz angebraten. Die Poren schließen sich schnell, Geschmack und Nährstoffe bleiben erhalten. Um das Gemüse gleichmäßig zu erhitzen, ist es wichtig, vorsichtig zu rühren. Nach etwa 5 Minuten wird die Hitze reduziert, Flüssigkeit zugegeben und zu Ende gegart in geschlossener Pfanne oder Topf.

Schälen und Schneiden

Bürste Gemüse und alle dünnschaligen Früchte gut vor dem Zerschneiden. Rote Beete, Karotten und Pastinaken werden zuerst blanchiert, danach kann man die Haut abziehen – die Nährstoffe befinden sich direkt unter der Haut. Wenn Rettich, Zucchini und Gurken biologisch angebaut worden sind und die Haut zart ist, braucht man sie nicht zu schälen. Steckrüben und Sellerieknollen können vor dem Kochen geschält werden. Kürbis und große Zucchini werden zerschnitten, die Kerne entfernt und gebacken oder gedünstet (die getrockneten Kerne sind sehr nahrhaft).

Informationen über Zutaten

Bis auf wenige Ausnahmen sind die Zutaten der Rezepte in diesem Buch in Naturostläden oder Reformhäusern zu erhalten. Einige Gewürze oder zum Beispiel den Basmatireis findet man nur in Geschäften, die indische Ware führen. Da sich die vegetarische Küche immer mehr durchzusetzen beginnt, bieten auch Kaufhäuser und Supermärkte häufig Produkte an, die in diese Küche gehören.

Agar-Agar: gewonnen aus roten Algen, reich an Mineralstoffen, besonders Kalzium und Jod. Geeignet zum Gelieren flüssiger Speisen. 1 TL Agar-AgarPulver läßt 1/2 l Flüssigkeit fest werden.

Algen: enthalten Eisen, Kalzium, Jod, Vitamin A, B12 und C. Sie werden gedünstet oder zu Suppen und Getreide gereicht.

Apfelessig: säubert das Blut.

Ghee: geklärte Butter mit niedrigem Cholesteringehalt.

Gomasio: geröstete, zerstoßene Sesamsamen mit wenig Salz, ideal zum Würzen. Der Geschmack ist nussartig.

Hefeflocken: reich an B-Vitaminen und Mineralstoffen. Nicht mitkochen, sondern über Salate oder fertige Gerichte streuen.

Miso: fermentiertes Produkt aus Sojabohnen und Getreide. Nährt das Blut, stärkt die Verdauung, gibt wärmende Energie.

Öl: verwende nur kaltgepresstes Öl, es ist eine Quelle von Vitaminen und ungesättigten Fettsäuren. Vegetarier brauchen nicht mehr als 2 EL Öl täglich.

Pfeilwurzelmehl: ein unraffiniertes Produkt, reich an Mineralstoffen. Es darf nur sehr kurz erhitzt werden, es würde sonst einen Teil seiner Andickungsfähigkeit und seines Nährwertes verlieren. 1 1/2 EL dicken 1/4 l Flüssigkeit an.

Salz: Benutze Meersalz, doch benutze auch das sparsam. Es lässt sich sehr gut durch Zitronensaft ersetzen.

Sojamilch: sehr eiweißhaltig, in flüssiger oder in Pulverform erhältlich.

Sprossen: hoher Gehalt an Vitaminen B, C, E und A. Die Stärke des Getreidekorns verwandelt sich beim Keimvorgang in Fruchtzucker.

Tahin: Sesampaste, reich an Kalzium und Eiweiß; ein sehr konzentriertes Nahrungsmittel. Halte den Verbrauch begrenzt.

Tamari: natürlich fermentiertes Sojabohnen-Getreide-Produkt, enthält Salz. Erst zum Ende der Kochzeit dem Gericht zufügen.

Tofu: Käse aus Sojamilch, reich an Eiweiß und Mineralstoffen. Der Geschmack ist neutral. Tofu hält sich eine Woche mit Wasser bedeckt im Kühlschrank. Das Wasser soll jeden zweiten Tag erneuert werden.

Tumerik: Gewürz, gewonnen aus der Gelbwurzel. Es wirkt blutreinigend. Es heißt auch 'Curcuma' oder 'Haldi'.

Vollweizenmehl: Mit wenigen Ausnahmen verwenden wir in unseren Rezepten Vollweizenmehl. Es wird empfohlen, das Getreide in nur kleinen Mengen einzukaufen, da bei längerer Lagerung Teile des Vitamin B- und Mineralstoffgehaltes verloren gehen, oder aber das Getreide selbst zu mahlen. Feines Vollweizenmehl (Typ 1050) bedeutet, daß seine groben Bestandteile ausgesiebt wurden.

Weinstein-Backpulver: Die Alternative zu Backpulver oder Natron. Diese ursprünglichen, üblichen Backmittel bedeuten Überreizen der Magenschleimhaut.

Die "Drei königlichen Wurzeln"

Die heilenden Eigenschaften dieser Wurzeln sind durch alle Zeitalter hindurch bekannt gewesen und heute werden sie sogar untersucht, um die Ursache für ihre sondere Kraft herauszufinden. Yogi Bhajan lehrt, dass sie täglich gegessen werden sollen, wenn man sein Leben kraftvoll gestalten möchte.

Knoblauch

Knoblauchöl wirkt wie Penizillin, ohne jedoch das bakterielle Gleichgewicht des Körpers zu beeinträchtigen. Knoblauch desinfiziert, indem er das Eindringen körperfremder Bakterien verhindert, anstatt sie (und andere freundliche Bakterien) abzutöten.

Zwiebel

eine Wunder wirkende Knolle, die gegen Krankheiten angewendet wurde, welche heute noch in hochmodernen Laboratorien erforscht werden.
Die Zwiebel unterstützt die Blutbildung und -reinigung.
Sie stimuliert die sexuelle Energie und bringt den Blutzuckerspiegel ins Gleichgewicht.

Ingwer

Die Ingwerknolle ist eine der wichtigsten Zutaten in unserer Küche, weil sie die Nerven stärkt und viel Kraft gibt.
Sie ist ein einfaches Mittel gegen Menstruationsämpfe, Kehlkopfbeschwerden, Nebenhöhleninfektionen und Husten.
Sie hebt den Blutdruck und bietet Linderung und Heilung bei Schmerzen im unteren Wirbelsäulenbereich. Trinke Ingwertee, wenn du hart arbeitest oder studierst.

Stars der Vollwertküche

Gemüse, Tofu,
Pies, Terrinen und Getreidegerichte

GEBACKENE AUBERGINEN

In alten Zeiten erkannten Chinesen die Essbarkeit dieser kleinen Frucht. Sie wuchs an niedrigen Sträuchern, ähnelte einem Gänseei und erhielt den Namen Eierfrucht. Gärtnern der Mittelmeerländer verdanken wir die Entwicklung zu einer Frucht, die mit ihrem warmen, violetten Glanz unser Auge erfreut und unseren Körper mit Eiweiß versorgt: einem Eiweiß, das yogischen Lehren zufolge für hormonelles Gleichgewicht sorgt.
Ich bevorzuge die gebackenen Auberginen mit einem frischen Salat und Dressing. So erhalte ich ein kalorienarmes, leichtes Gericht. Man kann aber auch Sandwiches füllen mit den Auberginen, zusammen mit Alfalfa-Sprossen, Tomatenscheiben, Paprika und Dressing. Oder aber einen Auflauf herstellen aus den gebackenen Auberginen, Mozzarella und Italienischer Tomatensoße (siehe Seite 51).

4-6 Portionen

Fette ein Backblech ein und heize den Ofen auf 200° vor.
Mische

75 ml Tamari
25 ml Wasser
1-2 Knoblauchzehen, zerdrückt
1 EL Oregano, nach Wahl

in einer niedrigen Schüssel. Schneide

3 Auberginen, mittlere Größe

in 1 cm dicke Scheiben. Tauche sie kurz mit beiden Seiten in die Tamarimischung. (Wenn du magst, kannst du sie danach noch mit Hefeflocken bestreuen.) Backe sie 10 Min. lang bei 200°, drehe sie um und backe die 2. Seite 10 Min. Serviere sie heiß oder kalt.

AUBERGINENRÖLLCHEN

Ein Hors d'oeuvre oder Hauptgericht, das ohne Milchprodukte zubereitet wird und doch Aminosäuren enthält, aus denen der Körper Eiweiß aufbauen kann.

4 Portionen

Heize den Ofen auf 180° vor und öle ein Blech ein. Schneide

500 g Auberginen

der Länge nach in 1/2 cm dicke Scheiben und tauche beide Seiten in Tamari. Backe sie 15 Min. lang bei 180°. Bereite in der Zwischenzeit die Füllung vor: Püriere

250 g Tofu
4 EL Zitronensaft
1 TL Salz (nimm weniger, wenn die Oliven gesalzen sind)
1/2 TL frisch gemahlenen schwarzen Pfeffer

Hebe

14 Oliven, gehackt
50 g Schalotten, feingehackt
1/2 grüne Paprika, in kleine Stücke geschnitten

darunter. Fülle 1 EL der Mischung auf das schmale Ende der Auberginenscheibe und rolle sie dann auf.
Serviere sie so oder mit Tahincreme (s. Seite 57) oder einer Tomatensoße (s. Seite 51).

KOHLRABI MIT ZITRONENCREME

Dieses leichte Gericht serviere ich mit einem beliebigen Getreide .

4-6 Portionen

Schäle

1 kg Kohlrabi

schneide ihn in 1/2 cm dicke Scheiben und dämpfe sie im Dämpfeinsatz. Bewahre die Blätter auf! Gieße den gedämpften Kohlrabi ab. Jetzt lasse

10 g Butter oder Ghee

in einer großen Pfanne schmelzen. Sautiere die Kohlrabi-scheiben
1 Min. lang darin. Dann gieße

1/4 l Sahne

in die Pfanne. Bringe die Mischung zum Kochen. Reduziere die Hitze und lass alles unbedeckt 5 Min. lang leise weiterkochen. Füge dann

Kohlrabiblätter, feingehackt, ohne Stengel
15 g Zitronenmelisse, wenn erhältlich frische
1 1/2 EL Zitronensaft
abgeriebene Schale einer Zitrone
1/2 TL Muskat
1/2 TL Dill
1/4 TL Cayennepfeffer
1/4 TL Salz

hinzu. Erhitze alles und serviere mit frischen Melisseblättern.

PILZMOUSAKKA

3-4 Portionen

Koche

200 g Kartoffeln, mit Schale

In der Zwischenzeit erhitze

2 EL Öl

und sautiere darin

100 g Zwiebeln, gehackt

bis sie glasig sind. Gib

300 g Auberginen, in 1 1/2 cm große Würfel geschnitten
150 g Zucchini, in 1 1/2 cm große Würfel geschnitten
2 Knoblauchzehen, feingehackt

dazu und sautiere 5 Min. lang. Bedecke den Topf und dünste das Gemüse 5 Min. lang auf kleiner Flamme. Rühre

150 g Pilze, ganz **1/2 TL Salz**
1 TL Basilikum **1/2 TL Thymian**
1 TL Oregano
1/4 TL frisch gemahlenen schwarzen Pfeffer

darunter und erhitze alles 2 Min. Nun füge

1 Paprika, in Streifen geschnitten

hinzu. Heize den Ofen auf 170° vor. Zerdrücke die Kartoffeln mit

30 g Butter **1/2 TL Salz**
1/4 1 Milch

Fülle die Auberginenmischung in eine feuerfeste Form, bestreue sie mit

100 g Gouda oder Schafkäse (geraspelt)

und bedecke alles mit den Kartoffeln. Backe 10 Minuten lang bei 170°.

PILZWIESE

Seit Jahren hält unsere Pilzwiese den Spitzenplatz unter unseren Hauptgerichten bei den Gästen im Golden Temple Restaurant. Pilze – Frisches Gemüse – Eine gebackene Kartoffel – Köstliche Soßen ...

4 Portionen

Heize den Ofen auf 190° vor. Reibe

4 große Kartoffeln, gewaschen, mit Schale

mit Öl ein und backe sie 1 Std. lang bei 190°. Währenddessen bereite in der angegebenen Reihenfolge die folgenden Zutaten vor:

1. Guacamole-Avocadocreme (s. Seite 18)
2. Blauschimmel Käse Dressing (s. Seite 19)
3. Überbrühe 100 g Sojasprossen und lasse sie abtropfen
4. Wasche 16 Salatblätter und trockne sie ab
5. Mische in einer kleinen Schüssel

   2 TL Tumericpulver
   2 TL Koriander, frisch gemahlen
   1 1/2 TL süßes Paprikapulver
   1/2 TL Salz
   1/2 TL frisch gemahlenen
   schwarzen Pfeffer

6. Schneide

   1/2 Avocado
   1/2 Salatgurke
   1/2 rote Paprika

   in Scheiben.

7. Rasple

   300 g Karotten

8. Schneide

4 Tomaten in Viertel.

Dann richte die Zutaten in folgender Reihenfolge auf 4 Tellern an:
Lege die Salatblätter an den Rand der Teller.
Richte Karotten und Sprossen in der Mitte an.
Verteile das Blauschimmeldressing über das Gemüse.
Garniere den Rand mit Tomatenvierteln, Gurkenscheiben, Avocadoscheiben und Avocadocreme.
10 Minuten bevor die Kartoffeln gar sind, erhitze in einer großen Pfanne auf mittlerer Flamme

4 EL Öl

und gib die vorbereitete Gewürzmischung dazu.
Sautiere 3 Min. lang.

Füge

400 g Champignons, in Scheiben geschnitten
200 g Zwiebeln, gehackt

hinzu. Rühre vorsichtig um und gieße

4 EL Wasser

dazu, bedecke die Pfanne und reduziere die Hitze. Dünste die Pilze 5 Min. lang. Jetzt schneide die gebackenen Kartoffeln in Stücke und richte sie in der Mitte der Teller an. Bedecke die Kartoffelstücke mit den Pilzen und gib jeweils

1 EL saure Sahne

obendrauf. Garniere mit roter Paprika und bestreue alles mit Kresse. Serviere das Gericht sofort.

GUACAMOLE

Avocados stammen ursprünglich aus Zentralamerika. Von den Indianern kultiviert, fanden sie zunehmend Verbreitung über den gesamten amerikanischen Kontinent. Eine Avocadohälfte enthält 138 Kalorien. Proteine, Mineralstoffe, Vitamin A, B2, C, und E machen den Nährwert der Frucht aus.
30% der Avocadofrucht besteht aus Öl, der größte Teil in Form von ungesättigten Fettsäuren, die den Cholesterinspiegel des Blutes nicht belasten.

Guacamole: Dip – Salatdressing – Vorspeise

Soll die Avocado gefüllt werden, so wähle eine leicht weiche Frucht, schneide sie der Länge nach auf, nimm den Stein heraus, beträufle die Schnittflächen mit Zitronensaft.
Das verhindert das Anlaufen.

Mische folgende Zutaten, bis eine homogene Masse entsteht.

1. Vorschlag

4 Avocados
2 EL Zitronensaft
1/2 TL Salz

2. Vorschlag

2 Avocados
150 g Yoghurt
3 Knoblauchzehen, feingehackt
Saft einer Zitrone
1/2 TL Salz

3. Vorschlag

- 4 Avocados
- 100 g Tofu
- 2 Knoblauchzehen, feingehackt
- 3 EL Zitronensaft
- 1 TL Salz
- 1/4 TL Chilipulver

BLAUSCHIMMEL-KÄSE-DRESSING

Püriere

- 100 g Quark
- 100 g Blauschimmelkäse
- ca. 200 ml Milch
- 2 EL Apfelessig
- 1/2 TL frischgemahlenen schwarzen Pfeffer

bis eine glatte Masse entsteht.

Dies ist auch ein köstlicher Dip (dazu verwende weniger Milch) zu einer Rohkostplatte aus Karotten, Sellerie, Chicoree, Paprika, Fenchel, Tomaten und Blumenkohlröschen.

KAPERNPILZE

Kapern, die mildpfeffrige Blütenknospe des Kapernstrauches, den wir in den Mittelmeerländern finden, geben diesem Gericht seinen südlichen' Hauch. Beilage zu Spaghetti. Oder als Variante zur Pilzwiese (s. Seite 16).

Erhitze

20 g Butter oder Ghee

auf mittlerer Flamme.
Dann füge, während Du ohne zu unterbrechen rührst,

200 g Pilze

hinzu und sautiere sie auf mittelgroßer Flamme 1 Min. lang. Gib

200 g Lauchzwiebeln, feingehackt
2 EL Kapern, abgegossen und abgespült

dazu und erhitze alles sorgfältig. Gieße

2 EL Tamari

zu der Pilzmischung und serviere sofort.

GEFÜLLTE PILZE

Wir finden Vitamin D nur selten in Gemüse. Frische Pilze aber enthalten es.

3-6 Portionen

Heize den Ofen auf 200° vor. Wasche

6 große Pilze (8 cm Durchmesser)

gut unter fließendem Wasser, trockne sie ab und entferne die Stiele (bewahre sie auf). Fülle die Pilzhüte mit einer der folgenden Mischungen, lege sie in eine feuerfeste Form und backe sie 10 Min. lang bei 200°. Serviere sie sofort.

FÜLLUNGEN

1. Vorschlag:
Erhitze

1 EL Olivenöl

Sautiere darin 3 Min. lang

50 g Zwiebeln, feingehackt

Dann füge

Pilzstiele, gehackt
50 g Kürbiskerne, gehackt
1-2 Knoblauchzehen, feingehackt

hinzu. Rühre 2 Min. lang. Jetzt rühre

100 g saure Sahne
1/2 TL Muskat
1/4 TL Cayennepfeffer

unter die Mischung. Fülle sie in die Pilzhüte.

2. Vorschlag:
Erhitze

1 EL Olivenöl

Sautiere darin

100 g Lauch, feingehackt
2 Knoblauchzehen, feingehackt

für 3 Min. Jetzt füge

100 g Tofu, zerbröckelt
12 Oliven, ohne Kerne, gehackt

hinzu und rühre 3 Min. lang. Würze mit

1 TL Tamari
1/2 TL Basilikum
je 1 Prise Salbei und Cayennepfeffer

Fülle die Mischung in die Pilzhüte.

SPARGELWUNDER

Spargel ist nicht einfach nur das edle Gemüse. Sein Nährwert ist beachtlich. Vitamin A, B1, B2 und C sind enthalten. Eine Portion enthält nur 25 Kalorien.

3-4 Portionen

Erhitze

2 EL Olivenöl

in einer großen Pfanne und sautiere darin 3 Min. lang

2-4 Knoblauchzehen, feingehackt

Gib

500 g Spargel, ganze Stangen

dazu und sautiere sie 3-5 Min. lang, bis die Stangen gar sind. Serviere sie sofort.

INGWER-BLUMENKOHL-GRATIN

Es sind die wärmenden, geheimnisvollen Eigenschaften des Ingwer, die diesem Gericht seinen Wert geben. Ich habe die Ingwersoße auch zu halbierten, gedünsteten Porreestangen probiert. Köstlich!

Blanchiere

600 g Blumenkohlröschen (2 mittlere Köpfe)

8 Min. lang. Das Gemüse sollte noch Biß haben! Spüle es unter kaltem Wasser ab, laß es abtropfen und fülle es in eine niedrige 2-l-Auflaufform. Heize den Ofen auf 200° vor.

Lasse für die Ingwersoße in einem Topf auf mittlerer Flamme

40 g Butter

schmelzen. Rühre

30 g Vollweizenmehl
10-20 g frischen Ingwer, feingehackt

hinein und röste alles unter ständigem Rühren. Dann gieße

400 ml Milch

dazu. Koche solange, bis die Soße dick zu werden beginnt und rühre dabei ohne zu unterbrechen mit dem Schneebesen. Koche auf kleinster Flamme weiter und füge unter ständigem Rühren

1 TL frisch gepressten Zitronensaft
100 g Greyerzer Käse, gerieben
1/4 TL Muskat
1 Prise Cayennepfeffer

hinzu. Dann nimm die Soße vom Herd und gieß sie sofort über den Blumenkohl.
Verteile

2 Händevoll Brotkrumen oder gemahlene Nüsse

darüber und backe das Ganze 20 Min. bei 180°. Garniere das Gratin direkt vor dem Servieren mit Petersilie.

GRÜNTOPF

Bei den Indianern seit Urzeiten bekannt, kam die Kartoffel erst mit Kolumbus nach Europa.
Zunächst hielt man sie in Europa für ungenießbar, weil man das Kraut mitverwendete, was starke Magenbeschwerden verursachte. Doch schon bald erkannte man den Wert der Knolle, die Unabhängigkeit der Pflanze vom Klima und ihre bescheidenen Ansprüche an den Boden – Voraussetzungen, sie in ganz Europa anzubauen.
Hier ein einfaches, nahrhaftes Gericht aus den ländlichen Gebieten Frankreichs:

4-5 Portionen

Koche

500 g Kartoffeln, mit Schale

Zerdrücke und verschlage sie mit

1/4 l Milch oder Sojamilch
30 g Butter oder 2 EL Öl
20 g frischer Petersilie, feingehackt
10 g frischem Dill
1 TL Salz

zu einer cremigen Masse. Heize den Ofen auf 190° vor.
Erhitze

2 EL Olivenöl

und sautiere darin 3 Min. lang

100 g Zwiebeln, feingehackt
1 TL Kreuzkümmel, frisch gemahlen
1/2 TL Salz
1/4 TL frisch gemahlenen Pfeffer

Jetzt füge

100 g gemischtes grünes Gemüse, in Stücke geschnitten, die Blätter feingehackt
100 g Zucchinis, in Stücke geschnitten
100 g Pilze, kleine, ganz

hinzu und rühre 2 Min. Fülle das Gemüse in eine mittelgroße, feuerfeste Form und bedecke es dann mit dem grünen Kartoffelpüree. Wenn du magst, bestreue alles mit gemahlenen Nüssen. Backe den "Grüntopf" 15 Min. lang bei 190°. Serviere ihn heiß.

WINTERWURZELGEMÜSE MIT CURRYSOSSE

Eine Kreation meines Mannes. Wir essen das pikante Wintergericht gern mit einem Rote-Beete-Apfel-Salat.

4 Portionen

Erhitze in einem großen Topf auf mittlerer Flamme

2 EL Öl oder Ghee (geklärte Butter)

und sautiere darin 10 Min. lang

400 g Zwiebelringe

Dann gib

400 g Kartoffeln, in Scheiben geschnitten
100 g Karotten, in Stifte geschnitten
100 g Weißkohl, feingehackt

dazu und sautiere 3 Min. lang. Gieße

1/4 l Wasser

dazu, bedecke den Topf und dünste 5 Min. oder so lange, dass das Gemüse gerade noch Biss hat. In der Zwischenzeit bereite die Soße zu (s. folgende Seite):

PIKANTE CURRYSOSSE

Erhitze

2 EL Öl oder Ghee (geklärte Butter)

in einer großen Pfanne.
Füge

1 TL Currypulver
2 Knoblauchzehen, feingehackt
1/2 TL Tumericpulver
1/2 TL Garam Masala (s. Seite 62)
1/4 TL Cayennepfeffer

hinzu und sautiere auf mittlerer bis kleiner Flamme 6 Minuten lang.
Nun gib

2 EL Vollweizenmehl

dazu und röste es unter ständigem Rühren 3 Min. Gieße

3/4 l Milch oder Sojamilch

darüber,füge

1/2 TL Salz

hinzu und rühre so lange, bis die Soße dick zu werden beginnt. Serviere sie heiß zu dem vorbereiteten Gemüse und garniere mit Mohnsamen und Kokosraspeln.

ENGLISCHER ROSENKOHL

Rosenkohl und süße Kastanien finden in diesem Gericht aus England eine geschmackvolle Verbindung. Die Kastanie, der Familie der Nüsse zugehörig, hat nicht deren ölige Beschaffenheit und dadurch einen sehr niedrigen Fett und Kaloriengehalt.

Dünste

500 g Rosenkohl, ganz (mittlere Größe)
500 g frische süße Kastanien, ohne Schale, enthäutet

im Dämpfeinsatz, bis sie gar sind (ca. 10 Min.). Am besten wird der Rosenkohl, wenn er unten kreuzförmig eingeschnitten wird. Spüle sie ab und fülle sie in eine niedrige Schüssel. Bedecke sie zum Warmhalten.

1. Vorschlag:

Nimm die Kastanien heraus. Erhitze

30 g Butter oder Ghee (geklärte Butter)

bis zum Braunwerden und füge dann die Kastanien hinzu. Rühre 3 Min. lang. Während du rührst, würze mit

1/2 TL frisch gemahlenem schwarzen Pfeffer
1 Prise Anis

Verteile die Kastanien über den Rosenkohl und serviere sofort.

2. Vorschlag:

Bereite die "Goldene Soße" (s. Seite 93) zu und serviere sie heiß zu dem gedünsteten Gemüse.

BARBECUE VIRGINIA

Bei unseren Barbecues und Picknicks darf es niemals fehlen – das Barbecue Virginia. Für meinen Mann vermischen sich deren südlichen Düfte mit Kindheitserinnerungen an wunderschöne Feste im Garten seiner Großeltern in Virginia.

Menge: 3/4 l

Mische

200 ml Orangensaft
50 g Rosinen
1 EL Apfelessig
1 EL Zitronensaft
1 EL Öl (neutraler Geschmack).

Lasse die Rosinen 15 Min. lang quellen. Währenddessen erhitze

2 EL Olivenöl

und sautiere darin auf mittlerer Flamme 5 Min. lang

150 g Zwiebeln, feingehackt
2 Knoblauchzehen, feingehackt

Püriere alles zusammen mit

500 g Tomaten, ohne Haut
2 EL Melasse
2 EL Tamari
1/2 TL getr. rote Chilies
1/2 TL Salz

Heize den Ofen auf 190° vor. Fülle alles in einen großen Topf und lasse es unbedeckt 15 Min. lang leise auf dem Herd kochen. Gieße die fertige Soße über rohes Gemüse wie z.B. halbierte Kartoffeln, fingerdicke Karotten, kleine Zwiebeln, Auberginenstücke und/oder Pilze. Füge, um einen ausgeglichenen Eiweißanteil zu erhalten, Seitan oder Tofuwürfel hinzu. Backe alles in einer feuerfesten Form 30-45 Min. lang bei 190° oder so lange, bis das Gemüse gar ist. Rühre alle 20 Min. um. Serviere mit Maisbrot, Bulgur oder Reis und einem großen Salat.

YOGI - STEAK

Rote Beete sind blutbildend. Darüber hinaus reinigen sie die Leber. Ihre Blätter sind reich an Vitamin A. Füge sie gehackt dem Gemüse vor dem letzten Erwärmen hinzu.

4-6 Portionen

Wasche und dünste

400 g Karotten, ganz
400 g Rote Bete, ganz

bis sie fast gar sind (wenn die Rote Beete sehr groß sind, beginne mit ihnen und gib die Karotten erst später in den Topf). In der Zwischenzeit erhitze

3 EL Ghee (geklärte Butter)

und sautiere darin 5 Min. lang

200 g Zwiebeln, gehackt
4-6 Knoblauchzehen, feingehackt
20-40 g frischen Ingwer, feingehackt
1/2 TL frisch gemahlenen schwarzen Pfeffer

Rasple

300 g Käse

in eine Schüssel. Jetzt gieße das Gemüse ab, spüle es mit kaltem Wasser ab, schäle es und rasple es grob. Dann mische Gemüse und Zwiebelmischung in einer Schüssel und schichte es mit dem Käse, oder fülle die Gemüsemischung in Portionsschälchen und bedecke sie mit Käse. Backe 15 Min. lang bei 200°.

SANFTE SELLERIE

Eine leichte, sanft gewürzte Sahnesoße, die Selleriewurzelscheiben, Lauch und Erbsen unter sich verbirgt. Garniere mit gebackenen Tofustückchen und Preiselbeeren. Serviere sie zu deinem Lieblingsgetreide.

5 Portionen

Erhitze in einem großen Topf

40 g Ghee (geklärte Butter) oder Sesamöl

auf mittlerer Flamme. Füge

100 g Zwiebeln, gehackt

hinzu und rühre 3 Min. Jetzt füge

3 faustgroße Sellerieknollen, in dünne Scheiben geschnitten
2 Porreestangen, in Ringe geschnitten

dazu und sautiere 5 Min. lang, indem du ab und zu umrührst. Gib

3/4 l Sahne oder Sojamiclh
1 TL Knoblauch, gehackt
1 TL Basilikum
1 TL Oregano
1 TL Salz
1/2 TL Muskat
1/2 TL frisch gemahlenen schwarzen Pfeffer
100 g Erbsen

in den Topf und gare das Gemüse auf kleiner Flamme. Währenddessen schneide

200 g Tofu

in Würfel, tauche sie in Tamari und backe sie auf einem leicht gefetteten Blech 15 Min. bei 150°.

TOFUBURGER

Tofuburger sind reich an ausgewogenem pflanzlichen Eiweiß. Probiere sie mit einer Pilzsoße, Tomatensoße oder auf einem Brötchen, das anschließend mit Käse überbacken wird.
Wasche

100 g Reis (am besten Basmatireis)

in lauwarmem Wasser und koche ihn.
In der Zwischenzeit vermische in einer großen Schüssel:

400 g Tofu, in kleine Stücke zerbröckelt
150 g Karotten, geraspelt
100 g Zwiebeln, fein zerhackt
100 g Vollweizenmehl
50 g Sojasoße
3 Knoblauchzehen, fein zerhackt
1 EL getrocknete Petersilie
2 TL Oregano
1 TL frisch gemahlenen schwarzen Pfeffer
1 TL Korianderpulver
1 TL Salz
1/2 TL Currypulver

Heize den Backofen auf 170° vor. Forme Burger oder Bälle aus der Mischung und lege sie auf ein gefettetes Backblech. Backe die Burger 20 Min. lang, dann drehe sie um und backe sie weitere 15 Min. Backe die Bällchen 30 Min. lang, ohne sie umzudrehen. Nach dem Erkalten kannst du sie in einem verschlossenen Behälter im Kühlschrank aufbewahren – sie halten sich eine Woche lang.

RÜHRTOFU

Es schmeckt wie die Rühreier, die Mama immer gemacht hat – probiere es zum Frühstück, Brunch oder auf Toastbrot zum Mittagessen. Der 8-jährige Sohn einer Hamburger Yogalehrerin rief seine Mutter an, um zu fragen, ob er einen Freund zum Mittagessen mitbringen dürfe. Die Antwort war ja. Er bat sie, Rührtofu zu machen. Nachdem sie gegessen hatten, sagte er zu seinem Freund: „Johnny, das war gar kein Rührei, sondern Rührtofu!" Johnny hielt sich die Hände vor den Mund, aber es gelang ihm zu flüstern: „Was ist denn das?" Er dachte, es sei irgendein exotischer Wurm oder gar ein Seeungeheuer. Sein Freund antwortete mit einem verschmitzten Lächeln: „Es ist Käse aus Sojabohnen." „Gut", seufzte er erleichtert.

6 Portionen

Erhitze in einer großen Pfanne

2 EL Ghee oder Sonnenblumenöl

auf mittlerer Flamme. Während Du umrührst, füge

3/4 TL Tumeric (Curcuma)

1-2 feingehackte Knoblauchzehen

hinzu und sautiere 5 Min. Laß' sie nicht anbrennen! Dann füge

100 g feingehackte Zwiebeln

hinzu und sautiere sie, bis sie glasig werden. Rühre

1 rote Paprika, in Streifen geschnitten

unter (andere Gemüse passen auch sehr gut dazu) und sautiere weiter auf kleiner Flamme. Rühre alle paar Minuten um! Währenddessen püriere

500 g Tofu

mit gerade soviel Milch, Sojamilch oder Gemüsebrühe, dass eine cremige Masse entsteht. Gib die Tofumischung in die

Pfanne und füge

1/2 TL Petersilie oder getrockneten Dill
Saft einer halben Zitrone

hinzu und mische alles sorgfältig. Während Du umrührst, füge

250 g Käse (gerieben, nach Wahl)
1/2 TL Kräutersalz
1/2 TL frisch gemahlenen schwarzen Pfeffer

hinzu. Bedecke alles und laß es vor dem Servieren 5 Min. auf kleinster Flamme kochen.

TOFUCHIPS

New Age Ketchup (s. Seite 96) ist ein leckerer Dip zu diesen Chips.

2-4 Portionen

Lasse

400 g Tofu, ganzer Block, feste Sorte

4 Std. lang oder über Nacht auf einem Handtuch trocknen. Heize den Ofen auf 180° vor. Schneide den Tofu in 1/2 cm dicke Scheiben, und lege sie auf ein leicht gefettetes Blech. Gieße

Zitronensaft

auf die Tofuscheiben und bestreue jede Scheibe mit

Cayennepfeffer

Backe 15 Min. lang bei 180°, dann drehe sie um und würze die 2. Seite. Backe weitere 15 Min. Der Tofu wird außen ganz knusprig und innen weich sein.

TOFU QUICHE

Ein Meisterwerk vegetarischer Kochkunst. Es schmeckt am besten frisch aus dem Ofen, doch kann man es auch am nächsten Tag kalt essen. Variationen sind: Quiche Savoyarde – gewürfelte gekochte Kartoffeln mit Knoblauch; Quiche Bolognese – Zwiebeln mit Käse; Quiche Capucine – Pilze, Zwiebeln und Mangold; Quiche Nicoise – Bohnen, Tomaten, schwarze Oliven und Zwiebeln – die Möglichkeiten sind unbegrenzt!

6 Portionen

Backe den 22cm-Boden. Heize den Ofen auf 170° vor. Erhitze

2 EL Butter oder Margarine

und sautiere darin

250 g Zwiebeln, gehackt
200 g Zucchini, in Scheiben, oder anderes Gemüse

bis das Gemüse gar ist. Püriere

600 g Tofu
Saft einer halben Zitrone
1 EL Mandelöl
1 EL Tahin
1 EL Senfsamen, frisch gemahlen
1 TL Salz
1/2 TL Knoblauch, feingehackt
1/2 TL Tumericpulver
1/4 TL frisch gemahlenen schwarzen Pfeffer

bis eine cremige Masse entsteht. Hebe das sautierte Gemüse und

100 g geraspelten Käse

darunter. Fülle alles auf den vorgebackenen Pieboden und streiche die Oberfläche glatt. Garniere mit

Tomatenscheiben und Basilikum

Backe 20 Min. lang bei 170°.

TOFU SOUFFLÉ „GRÜNE WOLKE"

Ein geschichtetes Tofusouffle in Grün und Rosa.

Jedes Püree ergibt 2-4 Portionen.

Grün

Blanchiere	**400 g Erbsen, frisch oder gefroren**
3 Min. lang	**200 g Brokkoli, in kleine Röschen zerteilt**
Püriere	**300 g Tofu**
	150 ml Milch oder Sojamilch
	4 EL Zitronensaft
	2 EL Olivenöl
Dann füge	**3 EL Vollweizengrieß**
	2 EL Dill, frisch gehackt
	1 TL Petersilie, getrocknet
	1 TL Salz
	1/2 TL frisch gem. schwarzen Pfeffer

200 g der Erbsen und den Brokkoli hinzu. Püriere alles zu einer homogenen Masse. Hebe dann die restlichen Erbsen darunter.

Rosa

Püriere	**300 g Tofu**
	4 rote Paprika, in Stücke geschnitten
	150 ml Milch oder Sojamilch
	4 EL Zitronensaft
	3 EL Vollweizengrieß
	2 EL Olivenöl
	1 TL Salz
	1/2 TL Knoblauch, frisch, feingehackt
	1 Prise Cayennepfeffer

Schichte beide Pürees in geölte, feuerfeste Portionsschälchen oder in eine große Auflaufform und backe sie 25 Min. bei 180°.

ZWIEBELKUCHEN

Bei den Völkern Zentralasiens wurde sie verehrt – die Ägypter betrachteten sie als Symbol des Universums ... bei uns fand die Zwiebel nur den Platz einer begleitenden Zutat. Yogische Lehren sagen, die Zwiebel habe die Kraft, unsere Blutproduktion anzuregen, das Blut zu reinigen, den Blutzuckerspiegel auszugleichen.

6-10 Portionen

Bereite einen Teig zu und drücke ihn in eine 22- oder 24-cm Auflaufform. Backe ihn vor. Erhitze in einem großen Topf auf mittlerer Flamme

40 g Butter oder Ghee (geklärte Butter)

Gib

550 g Zwiebeln, in Spalten geschnitten
4 Knoblauchzehen, feingehackt

dazu und sautiere 3 Min. lang. Rühre

1 EL Petersilie
2 TL Dill
1 TL Muskat
1 Prise Tumericpulver
1/2 TL frisch gemahlenen schwarzen Pfeffer

darunter und erhitze alles unter ständigem Rühren 1 Min. lang. Mische in einer Schüssel

400 g saure Sahne
100 g geriebenen Käse
3 EL feines Vollweizenmehl (Type 1050)

Rühre die Zwiebeln in die Sahnemischung und fülle alles auf den vorgebackenen Pieboden oder auf einen ungebackenen Hefeteig auf einem Blech. Backe 45 Min. lang bei 190°.

GESCHICHTETER KARTOFFELKUCHEN

In Dänemark habe ich sie gegessen und war begeistert. Die Kartoffeln können geschält werden, doch ich empfehle, es nicht zu tun, ihre Schale hat alkalisierende Wirkung und gleicht somit den Säureanteil der hellen Kartoffelteile aus. In unserem Restaurant haben wir sie z.B. mit dem cremigen Blauschimmel-Käse-Dressing (Seite 19) serviert.

6 Portionen

Dünste

1 kg Kartoffeln, ganz, mit Schale

8 Min. lang (sie sollten noch fest sein). Währenddessen dünste

250 g Brokkoliröschen

bis sie gar sind. Dann püriere sie mit

50 g Butter, Ghee oder Öl
4 EL saurer Sahne (oder Sojamilch)
1 EL Dillspitzen
1 EL Zitronensaft
1/2 TL Salz
1/2 TL Knoblauch, feingehackt
1/2 TL frisch gemahlenem schwarzen Pfeffer.

Heize den Ofen auf 200° vor. Rasple die vorgekochten Kartoffeln grob, füge

1/2 TL Kreuzkümmel, frisch gemahlen
1/2 TL Salz

hinzu und fülle die Hälfte der geraspelten Kartoffeln in eine leicht gefettete 22-cm-Springform, verteile darauf die Brokkolimischung und gib den Rest der Kartoffeln dazu. Bestreue alles mit

50 g Käse, geraspelt (auf Wunsch)

Backe 15-20 Min. bei 200°. Lasse die Pie 10 Min. lang abkühlen, bevor du sie aus der Form nimmst.

BHAJAN-PIE

Eine Gemüse-Pie, die 1972 im Golden Temple Restaurant in Amsterdam kreiert wurde, als mein Mann dort Koch war.

4-6 Portionen

Bereite Mürbeteigboden und -decke für eine 22-cm-Springform vor. Stelle ihn in den Kühlschrank. Währenddessen schneide soviel Gemüse in 2 cm große Würfel, daß es ausreicht, um eine 22-cm-Springform zu füllen. Verwende dafür

Karotten
Rosenkohl, halbiert
Kartoffeln
Steckrüben
Pastinaken

Heize den Ofen auf 190° vor. Rasple

300 g Käse

Dämpfe das Gemüse 5 Min. lang in einem großen Topf mit Dämpfeinsatz. Nun gib

1 Stange Lauch, in Ringe geschnitten
100 g Erbsen, Brokkoli oder Blumenkohl

dazu und dünste weitere 5 Min. In der Zwischenzeit rolle die Hälfte des Teiges zu einem großen Kreis aus, der den Rand der Springform überlappen soll. Lege ihn in die geölte Form. Fülle das gedünstete Gemüse in eine große Schüssel und würze es mit

1 EL Oregano
1 EL Basilikum
1 TL Thymian
1 TL Salz
1 TL frisch gemahlenem schwarzen Pfeffer

Schichte die Zutaten in folgender Reihenfolge auf den Teigboden: Käse, Gemüse, Käse, Gemüse, Käse. Bedecke sie mit der Teigdecke (rolle sie erst jetzt aus!) und drücke die Ränder von Boden und Decke zusammen wenn es notwendig ist, schneide überstehende Teile ab. Ritze den Deckel ein und backe 30 Min. lang bei 200°.

LINSEN TERRINE

Linsen, Nüsse und Tofu sorgen für ausgewogene Eiweißaufnahme; die Gewürze geben der Terrine fernöstlichen Geschmack. Verlese

150 g rote Linsen

und wasche sie gut. Koche sie in einem mittleren Topf mit

2 EL Gemüsebrühe
2/3 l Wasser

bis sie weich sind (ca. 25 Min.). Währenddessen erhitze

1 EL Öl

in einer mittleren Pfanne und füge in folgender Reihenfolge

1 TL Tumericpulver (Curcuma)
1 TL Kreuzkümmelsamen
200 g Zwiebeln, feingehackt
2 Selleriestangen, feingehackt
2 Knoblauchzehen, feingehackt

hinzu. Sautiere 10 Min. lang auf mittlerer Flamme. (.../S. 40)

Heize den Ofen auf 200° vor.
Verrühre die Zwiebelmischung mit den gekochten Linsen und

100 g Cashewkernen, gemahlen
2 EL Hefeflocken
1 EL Petersilie

Püriere in einer Schüssel

250 g Tofu
2 Knoblauchzehen
1 EL Zitronensaft
1 EL Öl

Dann hebe

100 g Pilze, in Scheiben geschnitten
1 rote Paprika, in Streifen geschnitten

unter die Tofumischung. Fülle die Hälfte der Linsenmischung in eine leicht eingefettete, mittelgroße Backform. Gib die Tofumischung darüber und bedecke alles mit den restlichen Linsen. Backe 35 Min. lang bei 200°. Bevor Du das fertige Gericht aus der Form nimmst, lasse es 10 Min. lang abkühlen. Dann schneide es in Scheiben und serviere es heiß oder kalt.

GOLDENE MAKKARONI

Ein kleiner und guter Trick, mit dem eine spanische Freundin ihr Kind, das keine Karotten mochte, aber Nudeln in allen Variationen heiß liebte, überlistete.

5 Portionen

Dünste

400 g Karotten, in Scheiben geschnitten

bis sie gar sind. In der Zwischenzeit koche

1 Pfund Makkaroni

Heize den Ofen auf 170° vor. Dann erhitze auf mittlerer Flamme

1 EL Butter, Ghee (geklärte Butter) oder Öl

Röste darin 3 Min. lang

1 1/2 EL Vollweizenmehl

Füge

3/8 l Milch oder Sojamilch
2 Knoblauchzehen, feingehackt
1 TL Salz
1/2 TL frisch gemahlenen schwarzen Pfeffer

hinzu und rühre alles ohne zu unterbrechen, bis die Mischung dick zu werden beginnt. Püriere die gedünsteten Karotten mit

1/4 l Milch oder Sojamilch

Gib die Karotten und

150 g geriebenen Käse (auf Wunsch)

zu der Soße. Fülle die Makkaroni in eine feuerfeste Form und gieße die fertige Soße darüber. Wenn Du magst, bestreue mit

1 Handvoll Brotkrumen

oder

50 g geriebenem Käse (auf Wunsch)

Backe 10 Min. lang bei 170°.

GEBACKENE POMMES FRITES

Unsere Tochter hat mich zu jedem besonderen Essen um diese Kartoffeln gebeten. Sie sind sehr einfach zuzubereiten.

2-4 Portionen

Heize den Ofen auf 230° vor. Schneide

400 g Kartoffeln (große, mehlige, ungeschälte)

in 1 cm dicke Streifen. Weiche sie 10 Min. lang in kaltem Wasser ein. Danach trockne sie zwischen Handtüchern. Öle ein großes Backblech ein und verteile die Kartoffelstreifen darauf. Beträufle sie mit

2 EL Öl (neutral)

und rühre um, um das Öl gleichmäßig zu verteilen.
Backe sie 30-40 Min. lang bei 230°. Rühre sie ab und zu sorgfältig mit einem Bratenwender um. Lege sie vor dem Servieren kurz auf Küchenpapier. Bestreue sie mit

1/2 TL Salz
1/4 TL Paprikapulver
1/4 TL Knoblauchpulver

Serviere sie mit verschiedenen Kräutern bestreut oder mit dem New-Age-Ketchup (Rezept s. Seite 96).

ZITRONENREIS

Dieser Reis "schmilzt die Pfunde weg". Gib kein Salz dazu!

6 Portionen

Verlese und wasche

200 g Basmatireis

Lasse das Wasser gut abtropfen.Bringe

650 ml Wasser

zum Kochen, gib den Reis und füge hinzu:

1 TL Tumericpulver

Bedecke den Topf und reduziere die Hitze. Gieße nach 15 Min.

65 ml Zitronensaft

dazu und gare den Reis im bedeckten Topf (weitere 5-10 Min.).

GOLDENER REIS

Wir servieren ihn u.a. zu indischen Gerichten.

6 Portionen

Verlese und wasche

200 g Basmatireis

Laß ihn gut abtropfen. Erhitze

1 EL Ghee (geklärte Butter)

und sautiere darin auf mittlerer Flamme 3 Min. lang

50 g Zwiebeln, gehackt
1 TL Kreuzkümmelsamen
1/2 TL Tumericpulver

Gib den Reis dazu und sautiere, bis er glasig ist.
Dann gieße langsam

650 ml kochendes Wasser

dazu und füge

40 g Mandelstifte
30 g Rosinen
1/2 TL Salz

hinzu. Gare den Reis 20 Min auf kleiner Flamme

KUNDALINI KRAFTREIS

Von diesem Reisgericht wissen wir, dass es die Drüsenfunktion ins Gleichgewicht bringt, die Nerven stärkt, nierenreinigend wirkt, dir Ausdauer und Entspannung zugleich schenkt. Verwende kein Salz.

6 Portionen

Verlese und wasche

200 g Basmatireis

Lass ihn gut abtropfen. Koche

1 Stange Zimt
30 g frische Ingwerwurzel, fein gehackt
1 TL Tumericpulver (Curcuma)

10 Min. in

1 l Wasser

Dann füge den Reis hinzu und

20 g Rosinen
5 g Hizikialgen (weiche sie 5 Min. im kalten Wasser und spüle sie dann ab)

Reduziere die Flamme und lasse alles im bedeckten Topf 15 Min. lang leise kochen. Jetzt gieße

5 EL Zitronensaft

dazu und lasse den Reis noch für 5-10 Min. leise weiterkochen (bis er gar ist). Serviere ihn mit Yoghurt.

Für Globetrotter

Rezepte aus dem nahen und fernen Osten, den Indianergebieten, und vieles mehr

GEBACKENER FENCHEL

ITALIEN

Fenchel – das Gemüse für kalorienbewusste Esser. 500 g der Knolle enthalten nur 56 Kalorien. Bei Übersäuerung des Magens wirkt der Fenchel wohltuend, wenn du ihn besonders gut durchkaust.

3-4 Portionen

Heize den Ofen auf 200° vor. Entferne die faserigen äußeren Blätter von

600 g Knollenfenchel

Halbiere die Knollen der Länge nach und dünste sie 15-25 Min. im Dämpfeinsatz, bis sie gar sind (dies hängt von der Größe der Knollen ab). Lasse sie abtropfen und lege sie nebeneinander in eine große, flache, mit Butter ausgestrichene feuerfeste Form.

Verteile

3 EL Sahne

über den Fenchel, bestreue ihn mit

30 g Parmesankäse

und backe ihn 20 Min. lang bei 200°. Übergieße den Fenchel während des Backens einige Male mit der Sahne.

POLENTA MILANO

Wir kennen die italienische Küche als eine von Landschaften und Provinzen geprägte Regionalküche. Die Polenta jedoch wird in ganz Italien von allen Italienern geliebt als Beilage zu soßenreichen Gerichten, als Tortenboden oder Pizzateig. Ihre Grundlage ist Maisgrieß.

Bringe in einem großen Topf

1 l Gemüsebrühe

zum Kochen. Rühre ohne zu unterbrechen mit dem Schneebesen um, während Du

150 g Maisgrieß

einstreust. Lasse alles auf kleiner Flamme 20 Min. kochen, rühre dabei ab und zu um.
Dann rühre

50 g Butter
3 EL Parmesankäse, gerieben
2 EL Schnittlauch, fein zerhackt
1/4 TL frisch gemahlenen schwarzen Pfeffer

in die Polenta ein. Fülle sie in eine leicht gefettete 11/2 l Kastenform und lass sie 20 Min. lang stehen. Dann nimm sie aus der Form und serviere sie in Scheiben geschnitten mit Tomatensoßemit zerdrücktem Knoblauch und Käse überbacken.

RÖMISCHES MANGOLDGEMÜSE

ITALIEN

Die Mangoldpflanze ist reich an Vitamin A und Mineralien wie Kalium, Kalzium und Eisen. Mangold eignet sich sowohl zu warmen Gemüsegerichten als auch zu köstlichen Salaten.

4-6 Portionen

Schneide

1 kg Mangold

am Wurzelansatz ab und wasche ihn gut. Schneide den Stengel der Länge nach einige Male ein, um ihn gleichmäßiger dünsten zu können. Dünste ihn 2 Min. lang im Dämpfeinsatz. Nimm ihn vom Herd und richte ihn auf einer Platte an. Erhitze

4 EL Olivenöl

auf mittlerer bis kleiner Flamme und füge

3-5 Knoblauchzehen, in dünne Scheiben geschnitten

hinzu. Rühre 3 Min. lang ohne Unterbrechung. Jetzt gib

1/2 unbehandelte Zitrone, in Scheiben geschnitten

dazu und erhitze alles 1/2 Min. lang. Dann gieß die Mischung sofort über das Mangoldgemüse. Wenn du magst, kannst du es leicht mit Parmesankäse bestreut servieren.

GORGONZOLASOSSE

ITALIEN

2 Portionen

Erhitze

1 EL Ghee (geklärte Butter)

und sautiere darin 2 Min. lang

250 g Pilze
100 g Lauchzwiebein

Füge

1/4 l Sahne
50 g Gorgonzola oder anderen Blauschimmelkäse in kleinen Stücken
1/4 TL frisch gernahlenen schwarzen Pfeffer

hinzu und rühre alles zu einer sahnigen Soße. Serviere sie zu gedünstetem Gemüse oder Nudeln.

LASAGNE

ITALIEN

8-10 Portionen

Bereite eine Italienische Tomatensoße (s. S. 51), heize den Ofen auf 170° vor. Koche im unbedeckten Topf in leicht gesalzenem Wasser 350 g Lasagnenudeln, am besten aus Vollweizenmehl mit Spinat. Wenn sie "al dente" sind (gar, aber fest) gieße sie ab.

<u>Lasagnefüllung</u>

Püriere

500 g Tofu, zerbröckelt
3 EL Olivenöl
1 TL Salz
3 Knoblauchzehen
1 Prise Muskat

Rasple

300 g Käse, am besten Parmesankäse

Schichte alles in folgender Reihenfolge in eine große feuerfeste Form: Soße, Nudeln (lege sie flach hin), Füllung, Käse, Soße, Nudeln, Füllung, Soße und Käse. Backe 35 Min. lang bei 170°.

RISOTTO

ITALIEN

Das Geheimnis eines guten italienischen Risotto ist ein einfaches: Geduld.

2-3 Portionen

Wasche

70 g Basmatireis oder italienischen Reis

Erhitze

1 l Gemüsebrühe

Dann erhitze in einer großen Pfanne mit schwerem Boden

2 EL Ghee (geklärte Butter)

und sautiere darin auf kleiner Flamme

50 g Zwiebeln, feingehackt

bis sie eine goldene Farbe annehmen. Füge den Reis hinzu und rühre mit einem Holzlöffel, bis der Reis glasig wird. Nun gieße 1/4 l der Gemüsebrühe dazu und koche im unbedeckten Topf auf mittlerer Flamme. Rühre ab und zu um. Wenn der Reis trocken ist, füge wieder 1/4 l Gemüsebrühe hinzu und rühre um. Wenn Du zum dritten Mal Gemüsebrühe dazugegeben hast, kann es notwendig werden, daß Du den Reis ununterbrochen rühren mußt. Das Risotto ist fertig, wenn der Reis gar, aber noch fest ist und die Flüssigkeit beinahe ganz aufgesogen ist. Nun rühre

25 g Parmesankäse, frisch gerieben
1/4 TL Salz
1/8 TL frisch gemahlenen schwarzen Pfeffer

darunter und bestreue alles mit

Parmesankäse, frisch gerieben.

ITALIENISCHE TOMATENSOSSE

ITALIEN

Als "Tomatl" der Azteken kam mit den Spaniern unsere Tomate aus den fernen Indianerreichen nach Spanien. Dort fand die Frucht keine Beachtung, erst nach Jahrhunderten holte ein italienischer Meisterkoch sie in seine heimischen Gärten und Töpfe. Undenkbar ist heute die italienische Küche ohne "Pomodori" – die goldenen Äpfel.

Erhitze

2 EL Olivenöl

in einem großen Topf auf mittlerer Flamme und sautiere darin

200 g Zwiebeln, feingehackt
3-5 Knoblauchzehen, feingehackt

bis sie glasig sind. Reduziere die Hitze und füge

800 g Tomaten, enthäutet, in kleine Stücke geschnitten
1 EL Basilikum
1 EL Oregano
1 EL Petersilie, gehackt
1-2 TL Salz
1 TL frisch gemahlenen schwarzen Pfeffer
1/2 TL Honig
1/2 TL Thymian

hinzu. Lasse alles 25 Min. lang leise kochen.
Serviere die Soße heiß.

ARABISCHE AUBERGINEN

In diesem orientalischen Gericht vereinen sich die Heilkräfte der Auberginen mit denen der Drei Königlichen Wurzeln.

4-5 Portionen

Hacke

150 g Zwiebeln
2 Knoblauchzehen
15 g frische Ingwerwurzel

fein. Erhitze in einer großen Pfanne

3 EL Olivenöl

Gib die gehackten Wurzeln dazu und sautiere sie auf mittlerer Flamme 5 Min.; rühre dabei, ohne zu unterbrechen.
Nun füge

500 g Auberginen, in 3 cm große Würfel geschnitten
150 g Pilze, in Stücke geschnitten
4 EL Zitronensaft
2 TL Dillspitzen
1 TL Kreuzkümmel, frisch gemahlen
1 TL Salz
1/4 TL Cayennepfeffer

hinzu und lasse alles bedeckt auf mittlerer Flamme 8 Min. lang leise kochen. Jetzt gib

80 g Bulgur
50 g Rosinen
50 g Honig

dazu, rühre gut um und lasse alles in der bedeckten Pfanne 10 Min. lang kochen. Serviere das Gericht heiß.

TABOULI

NAHER OSTEN

Ein libanesischer Bulgursalat für Sommerpicknicks und Parties.

3-4 Portionen

Bringe

1/2 l Wasser mit
1/2 TL Salz

zum Kochen, gib

150 g Bulgur

dazu und lasse ihn 5 Min. lang leise kochen. Dann lasse den Bulgur im bedeckten Topf 2 Stunden lang ausquellen.
Hacke

1 grüne Paprika
50 g Tomaten
1/2 Salatgurke

sehr fein und fülle sie mit dem Bulgur in eine mittelgroße Salatschüssel. Würze den Salat mit den folgenden sehr fein gehackten Kräutern:

15 g Petersilie
15 g Schnittlauch
15 g frische Minze

Dann püriere

1 Knoblauchzehe
200 ml Zitronensaft
200 ml Sesamöl
1/2 TL frisch gemahlenen schwarzen Pfeffer

und vermische das Dressing mit dem Bulgursalat. Laß ihn vor dem Servieren 30 Min. lang ziehen.

FALAFEL

Diese fleischlosen Frikadellen stammen aus dem Nahen Osten. Tahin, ein Grundnahrungsmittel der mittelöstlichen Küche, ist der türkische Name für Sesambutter. Sesamsamen sind reich an Kalzium, Lezithin, Vitamin B und E. Seine Aminosäuren ergänzen die der Kichererbsen, so dass vollständiges Eiweiß für Vegetarier entsteht.

6-8 Portionen

Verlese

250 g Kichererbsen

Wasche sie und lasse sie über Nacht in der doppelten Menge Wasser quellen. Dann gieße den Rest des Wassers ab, bedecke sie mit frischem Wasser, bringe alles zum Kochen und lasse sie dann, nachdem du die Hitze reduziert hast, 11/2-2 Std. lang leise kochen, bis sie gar sind.
Dünste

200 g Kartoffeln, mit Schale

und zerdrücke sie. Erhitze

2 EL Sesamöl

und sautiere darin

200 g Zwiebeln, gehackt

bis sie glasig sind. Püriere sie mit den Kichererbsen, bis eine homogene Masse entsteht. Dann püriere diese Mischung mit

70 g Tahin, ungesalzen
(wenn Du gesalzenes Tahin verwendest, füge kein zusätzliches Salz hinzu)
3 EL Petersilie, getrocknet,
oder 15 g frische Petersilie, feingehackt
1 EL Tamari
1 EL Zitronensaft

4 Knoblauchzehen
1 TL Koriander, frisch gemahlen
1 TL Kreuzkümmel, frisch gemahlen
1/2 TL Senfsaat, frisch gemahlen
1/2 TL Cayennepfeffer
1/2 TL Salz

Vermische alles mit den zerdrückten Kartoffeln. Heize den Ofen auf 180° vor. Öle ein großes Blech ein, forme kleine, runde Bällchen (Größe: 1 gehäufter EL) aus der Mischung, lege sie auf das Blech und backe 15-20 Min. lang bei 180°.

HUMOUS

NAHER OSTEN

Ein Hors d'oeuvre, das in einer kleinen Schüssel angerichtet zu zerschnittenen Pita Brot-Stückchen (s. S. 58) serviert wird. Wir reichen es als Dip zu feinen Karottenstreifen, Sellerie, Rettich und roter Paprika.

6-8 Portionen

Koche

250 g Kichererbsen

Püriere sie gut und füge

70 g Tahin
6 EL Zitronensaft
3 EL Sesamöl
2 Knoblauchzehen
1/2 TL Salz
1/4 TL Cayennepfeffer

hinzu. Püriere alles, bis ein homogener Dip entsteht.

TÜRKISCHE JOGHURTSUPPE

Die indische Küche, die Küche des Nahen Ostens und Osteuropas haben den Yoghurt jahrtausendelang in großem Ausmaß verwendet. Yoghurt ist haltbarer als Milch, ist leichter verdaulich und wirkt wohltuend auf das Verdauungssystem. Mit dem Yoghurt nimmt man die Bakterien zu sich, die die Darmflora im Gleichgewicht halten.

Mische in einer 2-l-Schüssel in der angegebenen Reihenfolge

4 Knoblauchzehen, zerdrückt
1/2 TL Salz
1/4 TL frisch gemahlenen schwarzen Pfeffer
2 EL Apfelessig

Dann mische nach und nach

625 ml Yoghurt

darunter, bis eine cremige Masse entsteht.
Gib

1 Salatgurke, feingehackt

dazu. Kühle die Suppe 1 Stunde vor dem Servieren. Garniere sie mit Tomatenstückchen und

Schnittlauchröllchen, fein gehackt

TAHINCREME

Fülle diese Creme auf Falafel (s. S. 54) oder probiere sie zu Salaten und Gemüse. Probiere sie auch auf traditionelle Art: Schneide ein Pitabrot auf (s. S. 58) und fülle es mit gehacktem Salat, Sprossen, einigen kleinen Tomatenstückchen und zwei Falafel. Beträufle alles mit der Tahincreme. Lege ein paar Servietten dazu! Es muß direkt aus der Hand gegessen werden.

Püriere im Mixer

150 g Tahin

1 Min. lang (das Mixen nimmt dem Tahin den etwas strengen Geschmack). Füge

3 Knoblauchzehen
8-10 EL Zitronensaft (2-3 Zitronen)
100 ml Wasser
3 EL Petersilie, getrocknet, oder
15 g frische Petersilie, feingehackt
1/2 TL Salz
1/4 TL Cayennepfeffer

hinzu und mixe alles gut. Wenn nach dem Servieren etwas von der Creme übrig bleibt, kannst du sie für kurze Zeit im Kühlschrank aufbewahren.

PITA BROT

Pitabrot ist ein Vollweizenbrot, wie man es im Nahen Osten isst. Die Technik des Rollens, Knetens und Backens läßt den Teig sich aufblähen, dadurch entsteht im Innern eine Tasche, die sichtbar wird, wenn man das Brot einmal quer teilt. Fülle mit Falafel (s. S. 54), Salat und Tahincreme (s. S. 57).

Ergibt 5 Brote.

Mische in einer großen Schüssel

250 g Vollweizenmehl
200 g feines Vollweizenmehl

Fülle 100 g der Mehlmischung ab, bewahre sie auf.
Jetzt löse

21 g frische Hefe

in

1/8 l warmem Wasser

auf und füge

1/9 l warmes Wasser
1/2 TL Salz
1/2 TL Honig

dazu. Mache in der großen Schüssel eine Vertiefung in das Mehl, gieße die Hefemischung hinein und verrühre sie mit soviel Mehl, dass eine dicke Flüssigkeit entsteht. Lass die bedeckte Schüssel 5 Min. lang an einem warmen Platz stehen. Dann verrühre alles 10 Min. lang mit einem Holzlöffel oder 5 Min. mit den Knethaken des Handrührgerätes. Danach knete ihn 10 Min. lang auf einer mit einem Teil des aufbewahrten Mehls bestreuten Fläche. Füge soviel Mehl hinzu, wie notwendig ist. Wenn der Teig weich und geschmeidig ist, forme ihn zu einem Ball. Gieße etwas Öl in eine Schüssel, lege den Ball hinein und drehe ihn solange herum, bis er vollständig eingeölt ist. Lasse ihn bedeckt an einem warmen Platz 45-60 Min. lang ruhen. Heize den Ofen auf 260° vor. Schlage den Teig herunter, knete ihn 15mal und teile ihn in 5 Teile; forme sie zu Bällen. Dann rolle jeden zu einem 12-13 cm großen Kreis aus, schlage sie in ein bemehltes Tuch ein und lass sie 20 Min. lang ruhen. Wärme ein Blech 1 Min. im Ofen, nimm es heraus und öle es ein. Lege schnell und vorsichtig 1 oder 2 Pitabrote auf den hinteren Teil des Backbleches und schiebe sie im Elektroherd auf die unterste Schiene, im Gasherd auf die höchste. Backe sie 45 Min. lang bei 260°, bis sie sich aufblähen, dann drehe sie schnell um und backe die 2. Seite 1 Min. lang. Schlage die fertigen Pitabrote in ein Tuch ein, um sie warm zu halten. Wenn sie abgekühlt sind, kannst du sie in einem Gefrierbeutel im Kühlschrank oder im Tiefkühlfach aufbewahren.

VEGETARISCHES SHISH-KEBAB *NAHER OSTEN*

Es ist eines meiner Lieblingsgerichte des Nahen Ostens. Serviert mit z.B. Tabouli (s. S. 53) erhält das Mahl eine würzige Schärfe. Reiche einen frischen Pfefferminztee dazu.

4 Portionen

Heize den Ofen auf 180° vor.

<u>Marinade</u>
Mixe

125 ml Sesamöl
50 ml Tamari
5 EL Zitronensaft
4 Knoblauchzehen

(.../Seite 60)

2 TL Basilikum
1 TL Oregano
1 TL Salz
1/2 TL frisch gemahlenen schwarzen Pfeffer
150 g Tomaten
50 g Zwiebeln, gehackt

Lasse

250 g Auberginen, in große Stücke geschnitten (21/2-3 cm)
100 g kleine Zwiebeln (11/2 cm Durchmesser)

5 Min. lang in der Marinade ziehen.
Schneide währenddessen

300 g Tofu oder Seitan

in 21/2-3 cm große Stücke und tauche sie in

Tamari.

Dann nimm die Auberginen und Zwiebeln aus der Marinade und lege sie zusammen mit den Tofustücken auf ein Blech. Backe 20 Min. lang bei 180°. Lege in der Zwischenzeit

200 g Pilze, kleine, ganze
1 grüne Paprika, in Stücke geschnitten

in die Marinade. Stecke die Gemüsestücke vor dem Servieren abwechselnd auf Holzspieße. Wenn du magst, nimm auch Cocktailtomaten und Ananasstücke dazu. Lege die fertigen Spieße in eine niedrige, feuerfeste Form und gieße den Rest der Marinade über die Kebabs. Grille sie 10 Min. lang und serviere sie mit Bulgur, Reis oder Pita Brot (s. S. 58).

RAITA

In der indischen Küche sind frische Salate, serviert zu Hauptgerichten, ungewöhnlich. Ihren Platz nimmt die Raita ein. Ihre Grundlage ist immer Yoghurt, dessen kühle, weiche Beschaffenheit die oft würzige Schärfe der Gerichte mildert und darüber hinaus dem Mahl Milchsäurebakterien und Vitamin B12 liefert.

I. GURKENRAITA (6-8 Portionen)

Schlage

500 g Joghurt

mit dem Schneebesen cremig. Füge

300 g Rettich, geschält und geraspelt
200 g Salatgurke, geschält und mittelfein gehackt
1 TL Kreuzkümmelpulver
1 TL Korianderpulver
1/2 TL frisch gemahlenen schwarzen Pfeffer
1/2 TL Salz
1/4 TL Muskat, frisch gemahlen

hinzu und mische alles gut. Kühle die Raita vor dem Servieren.

II. BANANENRAITA (2-3 Portionen)

Verschlage

250 g Yoghurt

Füge

20 g Rosinen
1 TL Zitronensaft
1/4 TL frisch gemahlenen schwarzen Pfeffer
1/4 TL Salz

hinzu und lass alles 10 Min. lang stehen. Gib 3 Bananen, reife, in dünne Scheiben geschnitten, dazu und hebe sie vorsichtig unter die Joghurtmischung (zerdrücke sie nicht!). Bestreue die Raita mit 11/4 TL Korianderpulver und serviere sie gekühlt.

GARAM MASALA

INDIEN

Bibiji Inderjit Kaur, die Frau Yogi Bhajans, hat in diesen Garam Masalas Kräuter und Gewürze zusammengestellt, die unsere Körpertemperatur in Balance halten. Wärmende Gewürze sind Schwarzer Kardamom, Zimt, Lorbeerblätter, Ingwer, Muskatblüte und Cayennepfeffer. Kühlende Wirkung haben Nelken, Fenchel, grüner Kardamom.

Garam Masala Mischung Nr. 1

Mahle

1 Tasse Koriandersamen
1/2 Tasse Kreuzkümmelsamen
1/2 Tasse schwarzen Kardamom (nur die Samen)
1 1/2 Zimtstangen
1/2 Tasse schwarze Pfefferkörner (ganze)
1/4 Tasse Nelkenköpfe

in kleinen Mengen, füge

1 TL Muskatpulver, frisch gemahlen

hinzu und mische alles gut. Bewahre die Mischung in einem luftdicht verschlossenen Behälter auf.

Garam Masala Mischung Nr. 2

Mische

1 TL frisch gemahlenen schwarzen Pfeffer
1 TL Cayennepfeffer
1 TL Kreuzkümmel, frisch gemahlen
3 TL Mangopulver
1/2 TL Salz

Bewahre die Mischung in einem luftdicht verschlossenen Behälter auf.

MASUR DHAL

Die kleinen roten Linsen sind sehr süß und geschmackvoll. Seit Jahrhunderten werden Linsen überall auf der Welt verwendet. Sie sind ein grundlegender Bestandteil der indischen Ernährung. Der Name "Dhal" ist die Bezeichnung für alle Arten von Hülsenfruchtgerichten.
Verlese

150 g rote Linsen

Wasche sie und lasse sie 1 Std. lang quellen (durch das Quellen werden sie leichter verdaulich). Laß sie abtropfen. Bedecke sie mit frischem Wasser und koche sie bei mittlerer Hitze 20-25 Min. lang.
Erhitze

2 EL Ghee (geklärte Butter)

in einer Pfanne und sautiere darin 3 Min. lang

1 TL Tumericpulver
3-4 Knoblauchzehen, gehackt
20 g frische Ingwerwurzel, feingehackt.

Würze mit

Samen von 4 Kardamomkapseln
1 TL Kreuzkümmelsamen
1 TL Garam Masala (s. nebenstehend)
1/2 TL Salz
1/4 TL Cayennepfeffer

und sautiere weitere 3 Min. Gib die Mischung zu den Linsen und füge Wasser hinzu, um die gewünschte Konsistenz zu erhalten (dickeres Dhal wird auf Tellern serviert, dünneres in Schüsseln).

AUBERGINEN CURRY

4-6 Portionen

Zerschneide

500 g Auberginen

in 11/2 cm große Würfel. Lege sie in eine Schüssel, bestreue sie mit Salz, rühre um und lasse sie 20 Min. lang ziehen. Dann spüle sie ab und lass sie abtropfen.
Dann stelle die *Zwiebel-Gewürzmischung* her: Erhitze

2 EL Ghee (geklärte Butter) oder Öl

und sautiere darin 2 Min. lang auf mittlerer Flamme

1 TL Tumericpulver
1 TL Kreuzkümmel, frisch gemahlen
1 TL Koriander, frisch gemahlen
5 ganze Körner schwarzen Pfeffer
1/2 TL Cayennepfeffer Nun füge
250 g Zwiebeln, feingehackt
50 g frischen Ingwer, feingehackt

hinzu und sautiere weitere 5 Min. Gib die Auberginen dazu und

50 g Tomaten, in kleine Stücke geschnitten
1 TL Salz

Rühre um und gieße

1/8 l Wasser

dazu, um ein Ansetzen zu vermeiden. Lasse alles im bedeckten Topf 5-10 Min. lang auf kleiner Flamme kochen. Serviere die Auberginen heiß.

SAAG

Wenn sich in Nordindien das erste Grün auf den Feldern zu zeigen beginnt, feiert man den Frühling mit einer Saag. Wir servieren Saag mit Chapati (s.S. 71)Goldenem Reis (s. S. 43), einem Apfel Chutney (s. S.69) und Yoghurt aus Kuhmilch.

5-6 Portionen

Dünste in einem großen, bedeckten Topf

1 1/2 kg verschiedene grüne Gemüse (Spinat, Senfblätter, Grünkohl, grüne Teile der Porreestangen, Brokkoli)

in 1/2 l Wasser 20-30 Min. lang auf mittlerer Flamme.
In der Zwischenzeit erhitze

2 EL Ghee (geklärte Butter) oder Öl

in einer großen Pfanne und sautiere auf mittlerer Flamme

100 g Zwiebeln, gehackt
1 EL frischen Ingwer, feingehackt

solange, bis die Zwiebeln glasig sind. Gib

2 EL Koriandersamen, frisch zerdrückt
1 TL Cayennepfeffer
1 TL Salz

dazu. Rühre 5 Min. lang um. Dann füge 500 g Panir (s. S. 66) oder Tofuwürfel hinzu; rühre dabei sehr sorgfältig mit einem Holzlöffel um, so dass die Würfel heil bleiben. Wenn das grüne Gemüse weich ist, schiebe es an den Rand des Topfes. Gib

100 g Maismehl (feines, aus dem Reformhaus)
50 g Butter oder Ghee

in die Mitte und lasse es im Gemüsewasser 10 Min. im bedeckten Topf kochen. Dann püriere das Gemüse gut und hebe den Panir oder Tofu vorsichtig darunter. Erwärme vor dem Servieren.

PANIR UND MOLKE

Panir ist indischer Quark. Man erhitzt Milch und fügt Zitronensaft hinzu. So trennt sich die Milch und es entstehen Molke und feste Bestandteile (Chenna). Das Chenna wird ausgepresst: die festen Bestandteile werden zu Panir. Die Molke ist sehr nahrhaft. Bis zu fünf Tage hält sie sich im Kühlschrank.

1. Erhitze in einem großen Topf mit schwerem Boden

1/8 l Wasser (verhindert, dass die Milch anbrennt)

Wenn es kocht, gib

4 l Milch (am besten biologische Rohmilch)

dazu und erhitze sie bis zum Siedepunkt. Nimm sie vom Herd. Gieße sofort sehr langsam

5 EL Zitronensaft

dazu und rühre vorsichtig um. Wenn die Milch sich trennt, füge keinen weiteren Saft hinzu (wenn du zu viel Zitronensaft verwendest, trennt sich der Quark in sehr kleine Bestandteile, die sich schwer zu einer festen Masse formen lassen).

2. Hänge ein großes Sieb in einen 5 bis 6-l-Behälter. Lege es mit ein paar Schichten Käsetuch aus und gieße die getrennte Milch durch das Sieb. Die festen Bestandteile bleiben im Käsetuch, die Molke läuft in den Behälter.

3. Wenn keine Molke mehr heraustropft, wickle das Käsetuch fest um das Chenna und hänge es auf (stelle ein Gefäß darunter).

4. Wenn keine Molke mehr heraustropft (35 Std.), lege den Sack in eine flache Schüssel und beschwere ihn. Stelle die Schüssel über Nacht in den Kühlschrank.Das Chenna wird zu einer festen Masse: Panir. Schneide ihn am Morgen in Würfel (s. das Saag-Rezept S. 65) oder forme ihn zu Bällchen.

GOBI

INDIEN

In Nordindien ist dieses Blumenkohlgericht eine Spezialität, seinen heilenden Wert erhält es durch die "Drei Königlichen Wurzeln", dazu Tumeric und Cayenne. Vom Tumeric wissen wir um seine blutreinigende Wirkung, Cayenne unterstützt mit seinem hohen Anteil an Vitamin A und C den Kreislauf und stimuliert Magen und Darm.

6-8 Portionen

Erhitze auf mittlerer Flamme in einer großen Pfanne

3 EL Sesamöl oder Ghee (geklärte Butter)

und sautiere darin 5 Min. lang

800 g Zwiebeln, feingehackt
100 g frische Ingwerwurzel, feingehackt
3 Knoblauchzehen, feingehackt

Dann gib

2 TL Tumericpulver
1 TL Kreuzkümmel, frisch gemahlen
1 TL Garam Masala (s. S. 62)
1 Zimtstange
1/4 TL Cayennepfeffer

dazu und sautiere für weitere 8 Min. Dann füge hinzu:

2 Köpfe Blumenkohl, in Röschen zerteilt
100 g Tomatenstücke ohne Haut
200 g frische oder gefrorene Erbsen

Rühre 2 Min. lang um. Gieße 1/4 l Wasser in die Pfanne, gib

1/2 TL Salz

dazu und koche alles in bedeckter Pfanne auf kleiner Flamme solange, bis der Blumenkohl gar ist.

BANANEN CURRY

INDIEN

Kinder mögen das süßwürzige Curry besonders gern mit Chapatis (s. S. 71), doch für Kinder gib diesem Gericht keinen Cayennepfeffer bei.

4-6 Portionen

Verrühre mit dem Schneebesen

300 ml Orangensaft
150 ml Yoghurt
10 g Kichererbsenmehl (Besan)
Saft einer Zitrone

Dann erhitze

2 EL Ghee

auf mittlerer Flamme in einem mittelgroßen Topf und gib

1/2 TL Senfsamen
1/4 TL Kreuzkümmelsamen
2 Nelkenköpfe, ganz, oder 1/4 TL Nelkenpulver

dazu. Rühre solange, bis die Samen im Topf "tanzen". Dann gib den Saft zu der Gewürzmischung.
Reduziere die Hitze und füge

30 g frische Ingwerwurzel, feingehackt
1/2 TL Tumericpulver
1/4 TL Salz
1/4 TL Koriander, frisch gemahlen
1/4 TL Piment
1/8 TL Cayennepfeffer

hinzu. Rühre in den folgenden 8 Min. ab und zu um.

Danach gib

1000 g Bananen (ohne Schale gewogen, ungefähr 7-8 Bananen), in 1 1/2 cm große Stücke geschnitten

dazu und lasse alles 20 Min. lang leise kochen.
Serviere das Curry heiß.

APFEL CHUTNEY

INDIEN

Schneide

5 Äpfel (oder Birnen)

in kleine Stücke und gib sie mit

50 g Honig
50 g Rosinen
20 g frischer Ingwerwurzel, feingehackt
2 Knoblauchzehen
1 TL Garam Masala (s. S. 62)
1/2 TL Salz
1/2 TL Cayennepfeffer
125 ml Essig

in einen Topf, lasse alles solange leise kochen, bis die Apfelstückchen weich sind. Hebe

1 Banane, in 1 cm große Stücke geschnitten
20 g Rosinen

unter die Apfelmischung und bringe sie zum Kochen.
Lass das Chutney vor dem Servieren abkühlen.

KAROTTEN CHUTNEY

INDIEN

Chutneys geben indischen Gerichten ihre besondere Würze. Es gibt kein Mahl, zu dem nicht ein oder zwei aus einer Vielzahl von Chutneys gereicht werden. In einem festverschlossenen Glas hält sich ein Chutney einige Tage im Kühlschrank.

10 Portionen

Koche in einem bedeckten, mittelgroßen Topf

200 g Karotten, geraspelt
1/4 l Wasser
20 g frische Ingwerwurzel, sehr fein gehackt
2 Knoblauchzehen, feingehackt

auf mittlerer Flamme, bis die Karotten weich zu werden beginnen. In der Zwischenzeit vermische in einer Schüssel

225 g Honig
80 g Rosinen
30 g Cashewnüsse, grob gehackt
2 EL Apfelessig
1 EL Vollweizenmehl
4 grüne Kardamomkapseln, geöffnet
2 TL Salz
1/2 TL Cayennepfeffer

Gib die Honigmischung zu den Karotten und lasse alles leise kochen, bis die Mischung dick zu werden beginnt. Lasse sie vor dem Servieren vollständig abkühlen.

CHAPATI

Ein Brot ohne Backtriebmittel, das in Indien nicht nur als Grundnahrungsmittel, sondern auch als „Teller" (im Lungar, der „Freien Küche", wird das Essen auf einem Chapati serviert) oder „Besteck" Verwendung findet (die meisten Inder benutzen Chapatistückchen, um das Essen vom Teller in den Mund zu führen).

8 Stück

Mische in einer Schüssel

100 g feines Vollweizenmehl (1050)
100 g Vollweizenmehl

Rühre mit Hilfe einer Gabel

100 ml warmes Wasser

nach und nach hinein. Forme den Teig zu einem Ball und knete ihn auf leicht bemehlter Fläche, bis er die Konsistenz eines Ohrläppchens hat (wenn notwendig, knete mehr feines Mehl hinein). Lasse den Teig 20 Min. ruhen. Erhitze eine Eisenpfanne auf mittlerer Flamme und teile den Teig in 8 Teile. Forme Bälle daraus, drücke sie flach und rolle sie auf bemehlter Fläche zu ca. 15 cm großen Kreisen aus. Nimm die Chapatis in die Hand und entferne das überschüssige Mehl. Lege den Chapati vorsichtig in die ungefettete Pfanne. Backe ihn 30-35 Sek. lang, drehe ihn um und backe die 2. Seite 30-35 Sek. Drehe ihn noch einmal auf die erste Seite, der Chapati sollte sich aufblähen. Tut er es nicht, drücke ihn mit einem Tuch leicht an den Pfannenboden (1 Sek. lang). Wenn irgendein Teil des Chapatis nicht hellbeige geworden ist, backe diesen Teil noch einmal, indem du den Chapati auf den heißesten Teil der Pfanne schiebst. Serviere die Chapatis sofort oder halte sie in einem Tuch warm: bestreiche sie mit etwas Ghee , bevor du sie aufeinander türmst (Gheeseiten aneinander).

GHEE (GEKLÄRTE BUTTER)

INDIEN

Ghee ist geklärte Butter. Die unreinen Teile trennen sich, sie sinken oder schwimmen auf. Nur sehr wenig Cholesterin bleibt zurück. Seit vedischen Zeiten ist Ghee das Kochmedium der indischen Küche. Der Eigengeschmack der in ihm gebratenen Gewürze und Nahrungsmittel bleibt erhalten, es bräunt nicht. Lange Zeit kann man es ungekühlt aufbewahren.

Erhitze langsam

1 kg Butter

in einem Edelstahltopf (mit schwerem Boden), bis sie kocht, und laß sie auf kleinster Flamme 2-3 Std. weiterkochen. Das Ghee wird durchsichtig gelb und die festen Milchbestandteile werden sich von dem Ghee trennen. Sie sind jetzt weiß und dick; später werden sie einen leicht orangen Farbton haben. Das Ghee ist fertig, wenn sich das Kochgeräusch der Wasseranteile der Milch in ein Bratgeräusch verwandelt hat und die festen Bestandteile eine goldene Farbe annehmen. Befestige ein Käsetuch mit einem Gummiband über einem Gefäß. Lasse das Ghee abkühlen und gieße es dann vorsichtig in den Behälter. Bewahre es zugedeckt auf. Wirf die festen Bestandteile weg.

CHOLAY

INDIEN

Dieses Dhal ist eine Spezialität aus dem Punjab. Die Kichererbsen werden vorgekocht und dann zu der würzigen Tomatensoße gegeben. Es schmeckt besonders gut zu Chapatis (s. S. 71).

4 Portionen

Verlese

200 g Kichererbsen

und wasche sie gut. Lasse sie über Nacht in der doppelten Menge Wasser quellen. Gieße sie ab, bedecke sie mit frischem Wasser und füge

1 grüne Chili, ganz
Samen von 2 grünen Kardamomkapseln

hinzu. Koche sie 30 Min. lang im Drucktopf oder lasse sie 2 Std. lang leise kochen. Währendessen bereite die Soße vor: Erhitze

2 EL Ghee in einer großen Pfanne

und füge

2 Knoblauchzehen, feingehackt
30 g frische Ingwerwurzel, feingehackt
1 TL Koriander, frisch gemahlen
1 TL Garam Masala (s. S. 62)
1 TL Mangopulver
1/2 TL Tumericpulver
1/2 TL Kardamom, frisch gemahlen
1 TL Kreuzkümmel, ganz
1 TL Salz
1/4 TL Cayennepfeffer

hinzu, rühre nach jeder einzelnen Zugabe. Sautiere 3 Min. lang. Danach gib

300 g Tomaten, enthäutet, zerschnitten

dazu. Gieße die Kichererbsen ab (bewahre das Wasser auf) und gib sie in die Pfanne. Füge 1/8 l des Kochwassers hinzu und lasse alles 20 Min. lang leise kochen. Rühre dabei ab und zu um (wenn notwendig, füge während des Kochens noch mehr Flüssigkeit hinzu).

MISO SUPPE

Sie gehört zum Tagesbeginn des größten Teiles der japanischen Bevölkerung. Zu Gemüse und Tofustückchen oder Algen wird sie aus lackierten Schälchen getrunken und verspricht Energie für den neuen Tag.

3-4 Portionen

Erhitze

1 EL Öl

in einem 2-l-Topf und sautiere darin 3 Min. lang

100 g Zwiebeln, gehackt

Füge

100 g weißen Rettich, in dünne Halbkreise geschnitten

hinzu, rühre ein paarmal um und gib dann

1/2 l Wasser

dazu. Bringe alles zum Kochen und lasse es dann 15 Min. lang auf kleiner Flamme leise weiterkochen.
Nun füge

50 g Tofu, in 1 cm große Würfel geschnitten
1/4 TL frische Ingwerwurzel, geraspelt
2-4 EL Miso, mit wenig Brühe in einer kleinen Schüssel glattgerührt
1/2 Noriblatt (Algenart), zerbröckelt

hinzu, koche alles noch einmal auf und serviere die Suppe heiß.

GADO GADO

Meine erste Begegnung mit Gado Gado hatte ich in einem indonesischen Restaurant in Amsterdam. Es wurden große Platten zu unserem Tisch getragen, auf denen Reis, Gemüse und acht verschiedene exotische Soßen dampften. Gado Gado war eine dieser ungewöhnlichen Soßen.

Erhitze

2 EL Sesamöl

bei mittlerer Hitze in einer großen Pfanne. Wenn das Öl heiß ist, füge folgende Zutaten hinzu und brate sie unter ständigem Rühren 5 Min. lang:

30 g frische Ingwerwurzel, feingehackt
3 Knoblauchzehen, feingehackt

Die folgenden Zutaten werden gemischt und in die Pfanne gegossen:

100 ml Wasser
200 g Erdnussbutter
1 EL Sojasoße
1 TL Zitronensaft
1/2 TL Cayennepfeffer
1/2 TL Honig.

Koche alles auf kleiner Flamme 3 Min.; rühre ab und zu um. Jetzt kannst du die Soße vom Herd nehmen und sie kurz vor dem Servieren wieder erhitzen. Füge noch

1/2 l heiße Milch
50 g Kokosraspeln

hinzu. Serviere die Soße heiß zu kaltem oder heißem Gemüse.

SUSHI (NORIMAKI)

Vorbereiteter Sushi-Reis (s. nebenstehend) wird zusammen mit Gemüse in Nori, einer dünnen Algenart, eingerollt. Probiere auch andere Zutaten wie Gari (eingelegter Ingwer, s. vorherige Seite), Pilze, leicht gekochte Karottenstreifen oder Schalotten, oder Seitanstreifen mit Petersilie oder Wasserkresse.

Toaste die violetten Noriblätter (sie sind dann leichter verdaulich), indem Du sie mit der glänzenden Seite im Abstand von ungefähr 18 cm über eine Wärmequelle hältst. Bewege sie dabei solange über der Wärmequelle hin und her, bis das ganze Blatt grün ist (15-30 Sek.). Toaste sie nur von einer Seite. Du kannst sie stattdessen auch 4-5 Min. bei 150° im Ofen backen.

Lege ein getoastetes Noriblatt auf ein Bambusset. Tauche die Hände in Wasser, damit der Reis nicht daran kleben bleibt (rechne für 1 Noriblatt etwa 80 g ungekochten Reis). Verteile den gekochten Reis gleichmäßig auf dem Noriblatt, lasse dabei aber einen 3 cm breiten Streifen am oberen Rand und einen 1 cm breiten Streifen am unteren Rand unbedeckt. Lege 3-4 dünne Gurkenscheiben oder 2 dünne Avocadoscheiben auf das Blatt (lasse einen Abstand von 3 cm zum unteren Rand). Rolle das Bambusset mit leichtem Druck auf, so daß sich das Noriblatt fest um das Gemüse wikkelt. Du erhältst eine Rolle von 45 cm Durchmesser; das Gemüse sollte in der Mitte der Rolle sein. Feuchte den oberen Rand des Blattes mit Wasser an und drücke ihn fest an die Rolle. Dann schneide die Sushirolle in 2-21/2 cm dicke Scheiben benutze ein scharfes, angefeuchtetes Messer. Es muss vor jedem neuen Schnitt gesäubert und wieder nass gemacht werden, da das Algenblatt sonst einreißen könnte. Serviere die Scheiben mit der Schnittfläche nach oben.

SUSHI-REIS

Dieser Reis ist auf japanisch süßsaure Art gewürzt. Verwende ihn für Sushirollen (siehe oben) oder serviere ihn als Salat: mische ihn mit leicht gedünstetem Gemüse und kleinen Stückchen getoasteter Noriblätter (Algenart). Der Reis reicht für 2 Sushirollen oder für 4-6 Portionen Salat.

Verlese

160 g Basmatireis,

wasche ihn und bringe ihn in einem bedeckten Topf mit

1/2 l Wasser

zum kochen. Dann lasse ihn 20 Min. lang auf kleiner Flamme weiterkochen.
Nimm ihn vom Herd und lass ihn 5 Min. im bedeckten Topf stehen. In der Zwischenzeit mische in einer Tasse

2 EL Reis- oder Apfelessig
1 EL Honig
1 Prise Salz

Fülle den Reis in eine große, nichtmetallene Schüssel und übergieße ihn mit der Essigmischung. Verrühre mit einer hölzernen Gabel oder mit Stäbchen und fächle dabei mit der anderen Hand: auf diese Weise kann der Reis schnell und gleichmäßig abkühlen und die süßsaure Marinade einziehen (3-5 Min.). Lasse den Reis, bevor du ihn für Sushirollen verwendest, auf Zimmertemperatur abkühlen.

VIETNAMESISCHER SEITAN

Eine süßsaure Soße, die ihre besondere Note durch Seitan erhält, einem leicht verdaulichen Vollweizenprodukt mit hohem Proteingehalt, dessen Geschmack und Struktur dem Fleisch ähnelt. Es ist von zenbuddhistischen Mönchen entwickelt worden, indem sie Stärke und Kleie vom Gluten (Getreideeiweiß) trennten. Man bekommt es in Naturkostläden oder kann es selbst herstellen.

6-8 Portionen

Erhitze

2 EL Sesamöl

auf mittlerer Flamme. Füge

200 g Zwiebeln, gehackt
10 g frischen Ingwer, fein zerhackt
5 Knoblauchzehen, fein zerhackt

hinzu und brate alles 10 Min. lang. Rühre ab und zu um. In der Zwischenzeit putze soviel Gemüse deiner Wahl, dass eine 11/2-l-Schüssel gefüllt ist. Schneide es in dünne Scheiben. Gib

250 g Seitan, in schmale Streifen geschnitten

zu den Zwiebeln in den Topf und brate für weitere 10 Min. Dann reduziere die Hitze und füge

1/21 Ananassaft (ungesüßt)
200 g Ananasstückchen
80 g Rosinen
1/2 TL frisch gemahlenen schwarzen Pfeffer
1/8 TL Nelkenpulver

hinzu. Koche 10 Min. lang auf kleiner Flamme. Währenddessen gare das Gemüse in wenig Öl unter ständigem Rühren. Mische

4 EL Maismehl
150 ml Wasser

in einer kleinen Schüssel. Gieße es in die Ananassoße und koche die Mischung 5 Min. auf mittlerer Flamme.
Nun füge noch

3 EL Tamari

4 EL frisch gepreßten Zitronensaft

hinzu und gieß die fertige Soße über das Gemüse. Erwärme vor dem Servieren. Probiere das Gericht mit Reis oder Nudeln.

KOREANISCHE PFANNKUCHEN

ASIEN

Ein leichter Pfannkuchen, davor eine Miso Suppe (s. S. 74): Dies ergibt ein vollwertiges, ausgewogenes Mahl.

8-10 Pfannkuchen

Verlese

150 g Mungobohnen, ohne Haut

Wasche sie gut und lasse sie in

1/4 l Wasser

13 Std. lang einweichen. Hacke

100 g'Zwiebeln oder Schalotten

10 g frische Ingwerwurzel

sehr fein. Dann püriere die eingeweichten Bohnen mit dem Wasser und hebe Zwiebeln und Ingwer darunter. Würze mit

1/4 TL Cayennepfeffer

1/4 TL frisch gemahlenem schwarzen Pfeffer

(1/4 TL getoasteten Nori-Algen, zerbröckelt, nach Wahl)

und brate die Pfannkuchen in einer leicht eingeölten Pfanne.

TOMATEN-MAIS-EINTOPF

MEXICO

Bei meinen Aufenthalten in New Mexiko wird mir immer wieder bewußt, welche Schätze wir dieser kraftvollen reichen Erde und ihren Urbewohnern verdanken. Von dort gelangten Mais, Bohnen, Sonnenblumen, Kürbisse, Tomaten, Kartoffeln, Paprika und eine große Vielfalt der Gewürze nach Europa.

3-4 Portionen

Erhitze

2 EL Olivenöl

und sautiere darin 1 Min. lang

150 g Zwiebelringe
3 Knoblauchzehen, gehackt

Füge

250 g Tomaten, enthäutet, fein zerschnitten
200 g Zucchinis, in Scheiben geschnitten
150 g Mais, frisch vom Kolben oder gefroren

hinzu und lasse das Gemüse im bedeckten Topf 5 Min. lang leise kochen. Gib

15 schwarze Oliven

dazu und bestreue vor dem Servieren mit frischen Basilikumblättern.

GEGRILLTE PAPRIKA

MEXICO

Es wird berichtet, dass Kolumbus ein ganzes Schiff beladen ließ mit glänzenden roten, gelben, grünen Früchten und es seiner Königin nach Spanien sandte. Von dort aus eroberten sie als Spanische Paprika rasch die Gärten und Küchen der Länder Süd- und Osteuropas. Heize den Grill auf 240° vor.
Wasche die roten, gelben oder grünen Paprikas oder Chilies und lege sie auf ein Backblech. Backe sie 15-20 Min. lang auf höchster Schiene. Drehe sie ab und zu um, so dass sie gleichmäßig gebacken werden (die Haut wird Blasen bekommen oder schwarz werden). Dann lege sie in Papiertüten, veschließe diese, oder wickle sie in ein feuchtes Tuch. Lass die Paprikas 20 Min. darin schwitzen; danach ziehe die Haut ab und entferne Stengelansatz und Kerne (bewahre die Kerne für Suppen oder Eintöpfe auf). Gegrillte Paprika kannst du in Olivenöl 5 Tage lang im Kühlschrank aufbewahren.

SPANISCHE ROTE PAPRIKA

MEXICO

Grille und enthäute

5 oder 6 rote Paprika

und schneide sie in lange Streifen. Vermische

2 EL Olivenöl
2 EL Zitronensaft
1 EL Knoblauch, feingehackt
1/2 TL Koriander, frisch gemahlen
1/2 TL Kreuzkümmel, frisch gemahlen
1/2 TL Salz

Gieße die Soße über die Paprikastreifen und kühle alles 30 Min. lang vor dem Servieren.

ZUNIGEMÜSE MIT MAIS

MEXICO

Eine hohe Achtung verband die Indianer mit ihrem Hauptnahrungsmittel, dem Mais. Die Stämme des Rio Grande Gebietes züchteten eine Vielfalt dieses Grasgetreides. Es gab schwarzen, weißen, gelben und roten Mais, und solchen der an einem Kolben verschiedenfarbene Körner hervorbrachte. Von blauem Mais glaubten die Indianer, daß er göttlichen Ursprungs sei. Ihn verwendeten sie nur bei religiösen Zeremonien. Zuckermais und Polenta sind in folgenden Rezepten enthalten.

GEMÜSE

1. Vorschlag

Erhitze

2 EL Ghee oder Butter

auf mittlerer Flamme in einem großen Topf und sautiere darin

200 g Zwiebeln, feingehackt
2 Knoblauchzehen, feingehackt

bis die Zwiebeln glasig werden. Gib

100 g Pilze, in Stücke geschnitten
125 g Seitan, in Würfel geschnitten

dazu und sautiere 5 Min. Dann füge

300 g Tomatenstücke, ohne Haut
100 g Mais, frisch vom Kolben oder gefroren
125 g grüne Bohnen oder gekochte Pinto oder Kidneybohnen
1 El, Koriandersamen, frisch zerdrückt
1/2 TL Oregano
1/2 TL Salz
1/2 TL Cayennepfeffer, nach Wunsch
1 Prise Muskat

hinzu. Bedecke den Topf und lass das Gemüse leise kochen, bis es gar ist.

2. Vorschlag

Dünste

150 g Mais

bis er gar ist. Währenddessen erhitze

1 EL Butter

und sautiere darin auf mittlerer Flamme

150 g Zwiebeln, gehackt
2 Knoblauchzehen, gehackt
80 g Pilze, in Stücke geschnitten
1/2 TL rotes Paprikapulver

bis sie gar sind. Röste

1 EL Mehl

darin, indem du fortwährend umrührst. Dann füge

1/8 l Gemüsebrühe

hinzu und rühre solange, bis sie dick zu werden beginnt. Gib den Mais dazu und würze mit

1 EL Petersilie
1/2 TL Senfsamen, frisch gemahlen
1/2 TL Muskat
1/2 TL Oregano
1/2 TL Kreuzkümmel.

Füge

200-300 g geriebenen Käse

hinzu. Erhitze alles vorsichtig auf kleiner Flamme und serviere es mit Polenta und ein paar Löffeln Enchilada-Soße (s. S. 86).

MAISTORTILLAS

MEXICO

Die Maistortillas der Mexikaner finden wir in Indien als Chapatis oder als „mukeei die roti" in der indischen Küche.

12 Stück

Bringe in einem mittleren Topf

400 ml Wasser

zum Kochen. Gib

15 g Kokosfett
150 g Maisgrieß (Polenta)

dazu, rühre um, reduziere die Hitze so weit wie möglich und bedecke den Topf. Mache alles sehr schnell, da das Wasser sonst verdunsten und die Polenta anbrennen wird.
Gib nach 5 Min. noch einmal

15 g Kokosfett

dazu, danach fülle die Mischung (sie wird dick sein) in eine Schüssel. Nach dem Erkalten füge

150 g feines Vollweizenmehl (Typ 1050)
1/2 TL Salz

hinzu und knete 3 Min. lang (wenn der Teig zu klebrig ist, nimm mehr Mehl). Bereite die Tortillas wie Chapatis (s. S. 71) zu.

MEHLTORTILLAS AUS NEW MEXICO

MEXICO

Mische

150 g Vollweizenmehl
100 g feines Vollweizenniehl (1050)
2 TL Weinsteinbackpulver
1/2 TL Salz

Rühre

1 EL Kokosfett oder Öl

hinein. Füge

ca. 100 ml Wasser

hinzu, so dass ein fester Teig entsteht. Knete ihn 3 Min. lang. Forme einen Ball von 5 cm Durchmesser aus dem Teig und rolle ihn sehr dünn und rund aus. Backe ihn auf einer trockenen, heißen Eisenpfanne. Drehe ihn nach 1 Min. (wenn er hellbraun ist) um und backe die 2. Seite 1 Min. lang. Er schmeckt am besten, wenn du ihn heiß aus der Pfanne servierst.
Zum Warmhalten lege ihn auf ein Geschirrtuch in eine tiefe Schüssel oder einen fest geflochtenen Korb. Schichte die Tortillas übereinander und bedecke sie mit dem Tuch.

POLENTA

MEXICO

Bringe in einem mittleren Topf

1 l Wasser oder Gemüsebrühe

zum Kochen. Rühre

150 g Maisgrieß

hinein. Reduziere die Hitze und rühre solange, bis die Mischung dick zu werden beginnt. Dann füge

20-40 g Butter
100 g geriebenen Käse, nach Wahl
1/2 TL Paprikapulver
1/2 TL Salz
1/4 TL Cayennepfeffer

hinzu. Serviere die Polenta warm mit Gemüse.

ENCHILADAS

MEXICO

Der ursprüngliche Name scheint „entre lados" gewesen zu sein, was soviel wie „zwischen den Seiten" bedeutet. Auf jeder Mais- oder Weizentortilla wird rohes oder gekochtes Gemüse, Bohnen und/oder Käse verteilt. Dann werden die Tortillas aufgerollt oder aufeinandergetürmt. Danach werden sie mit einer würzigen Tomatensoße übergossen. Man kann Käse darauf schmelzen lassen oder sie mit Tofucreme oder saurer Sahne servieren.

6-8 Portionen

ENCHILADA-SOßE

Lasse in einem großen Topf

800 g Tomaten, mit oder ohne Haut, aus der Dose oder frisch

2 EL Kreuzkümmel, frisch gemahlen
2 EL Oregano
1 EL Basilikum
1 EL Essig
1/2 TL Cayennepfeffer
1/2 TL frisch gemahlenen schwarzen Pfeffer
1/2 TL Thymian
1/2 TL Honig

20 Min. lang leise kochen.

ENCHILADA-FÜLLUNGEN:

Belege die Mitte jeder Tortilla, bevor Du sie zusammenrollst, mit einer der folgenden Füllungen:

Golden Temple Füllung: Erhitze auf mittlerer Flamme

1 EL Öl

und sautiere darin 2 Min. lang

500 g Zwiebeln, gehackt

Während du rührst, füge

300 g Pilze, in Stücke geschnitten
1/2 TL Paprikapulver
1/2 TL Currypulver
1/2 TL frisch gemahlenen schwarzen Pfeffer

hinzu. Rühre 3 Min. weiter.

Käsefüllung: Belege jede Tortilla mit

2 EL Käse, geraspelt
1 EL Zwiebeln, feingehackt
1/2 TL grünen Chilies, feingehackt.

Mais-Oliven Füllung: Belege jede Tortilla mit

2 EL Mais, gekocht
2 EL Käse, geraspelt
1 EL Oliven, ohne Stein, gehackt

Paprikafüllung: Belege jede Tortilla mit

1/2 Paprika, gegrillt (s. S. 81)
2 EL Käse, geraspelt
1 EL Lauchzwiebel, feingehackt

Enchiladas Rancheros: Belege jede Tortilla mit

12 grünen Chilies, geröstet (s. S. 81, Paprika)
2 EL Käse, geraspelt
1 EL Zwiebeln, feingebackt

Burrito oder Bohnenfüllung: Belege jede Tortilla mit

2 EL Frijoles Refritos (s. S. 89)
2 EL Käse, geraspelt
1 EL Zwiebeln, feingehackt

1 TL Salsa picante (s. S. 92).

CAMPECHANOS

Der mexikanisch-indianische Name ist Campechanos, wir kennen sie als Bohnen-Tostadas. Diese Mahlzeit ist in sich vollkommen ausgewogen: vollständiges Eiweiß und frisches Gemüse. Stelle alle Zutaten auf den Tisch, lass Deine Gäste sie nach ihrer Wahl zusammenstellen. Für Kinder eine besondere Freude!

Für jeden Campechano: Lege eine warme Weizen- oder Maismehltortilla auf einen Teller. Verteile darauf

1-2 EL Frijoles Refritos (siehe nebenstehend)

Streue

2 EL geriebenen Käse

darüber (wenn du magst, kannst du alles im Grill erhitzen, um den Käse zu schmelzen, aber es ist nicht notwendig). Dann schichte darauf

(1/2 TL grüne Chilies, gehackt, nach Wahl)
2 EL Blattgemüse oder Kräuter, gehackt
1 EL Tomaten, in kleine Stücke geschnitten
1 EL Guacamole (s. S. 18) oder Avocadostücke
1 EL Salsa (s. S. 92) oder Enchiladasoße (s. S. 86)
1 EL saure Sahne.

FRIJOLES REFRITOS

MEXICO

Die Indianer aus Südwest- und Zentralamerika nennen sie „Edle Bohnen". Die weisen Alten wussten bereits, was die moderne Medizin gerade erst herausfindet: außer den Vitaminen B12 und C enthalten die Bohnen alle wichtigen Nährstoffe. Um diesen kleinen Mangel auszugleichen, enthalten die meisten indianischen Bohnengerichte saure Sahne, Yoghurt oder Käse, frische Kräuter oder Gemüse (besonders Paprika und Chilies).

Verlese

150 g Kidney oder schwarze Bohnen

Wasche sie und lasse sie über Nacht an einem kühlen Platz quellen (im Sommer im Kühlschrank). Spüle sie ab und koche sie in der doppelten Menge Wasser. Wenn die Bohnen gar sind, gib

1 EL Öl

in den Topf und zerdrücke die Bohnen. Erhitze auf mittlerer bis kleiner Flamme unter ständigem Rühren, bis die Bohnen trocken werden. Füge

100 g Zwiebeln, fein gehackt

hinzu und sautiere 5 Min. lang. Dann würze mit

1/2 TL Kreuzkümmelsamen, frisch gemahlen
jeweils 1/4 TL Salz, frisch gemahlenem schwarzen Pfeffer, Oregano

Serviere die Frijoles heiß auf Tortillas, Brot oder als Beilage. Um einen Bohnendip zu erhalten, füge

3 Tomaten, enthäutet, in kleine Stücke geschnitten

hinzu.

TAMALI-PIE

MEXICO

Mais und Bohnen ergänzen sich zu einem ausgewogenen Eiweiß. Serviere mit einem frischen grünen Salat und Sprossen.

8 Portionen

Verlese

80 g Kidneybohnen

Wasche die Bohnen und lasse sie über Nacht in ausreichend Wasser quellen. Koche die Bohnen mit frischem Wasser 5 Min. lang auf großer Flamme. Dann reduziere die Hitze und lasse sie für 1 Std. köcheln. Zerdrücke sie, wenn sie gar sind. Erhitze

2 EL Öl

und sautiere darin

100 g Zwiebeln, gehackt
2-3 Knoblauchzehen, gehackt

bis sie glasig sind. Dann füge die Bohnen und

1 TL Kreuzkümmel, frisch gemahlen
je 1/2TL Cayennepfeffer, Salz
12 schwarze oder grüne Oliven, entkernt, gehackt
5 Tomaten, enthäutet, gehackt

hinzu. Rühre 5 Min. und fülle dann alles in eine geölte feuerfeste Form. Heize den Ofen auf 190° vor. Mische

100 g Maisgrieß
50 g Vollweizenmehl
1 TL Weinsteinbackpulver
1/2TL Chilipulver

Dann mische

120 ml Gemüsebrühe mit
2 EL Öl

und gieße sie zu der Maismehlmischung und rühre um. Fülle alles auf die zerdrückten Bohnen und backe 20 Min. bei 190°.

Der besondere Pfiff

Leckere Soßen

GOBINDE-SOSSE

Eine GoldenTempleSpezialität: eine Cashewnußsoße, die zu allen Arten gedünsteten Gemüses köstlich schmeckt. Sie wird ohne Verwendung von Milchprodukten zubereitet.

Erhitze

2 EL Öl (neutraler Geschmack)

in einer großen Pfanne. Füge

4 EL Vollweizenmehl

hinzu und röste es auf mittlerer Flamme 5 Min. lang. Rühre ab und zu um. Füge

2 Knoblauchzehen, feingebackt
1 TL frisch gemahlenen schwarzen Pfeffer
1 TL Meersalz
1/2 l Wasser

hinzu und rühre solange mit dem Schneebesen, bis die Soße dick zu werden beginnt. Nun füge noch

130 g Cashewnüsse

die du mit der Hand grob zerkleinert hast, hinzu. Erhitze die Soße, aber lass sie nicht aufkochen!
Rühre direkt vor dem Servieren

2 TL Sojasoße

darunter.

SALSA PICANTE

Eine sehr pikante Soße, die bei keinem mexikanischen Mahl fehlen sollte. Doch Vorsicht für Neulinge der mexikanischen Küche ist geboten. Beginne mit sehr wenig Chili. Sie lässt sich in einem verschlossenen Glas eine Woche aufbewahren.

Vermische

200 g Tomaten, ohne Haut, in Stücke geschnitten
100 g Zwiebeln, feingehackt
13 Chilies (Serrano Chilies), gehackt
2 Knoblauchzehen, feingehackt
je 1 EL Apfelessig und Olivenöl
1 TL Honig
1 TL Korianderblätter oder 1/2 TL Korianderpulver
1/2 TL Salz

GOLDENE SOSSE

Die orangegoldene Farbe dieser Soße ziert jedes Mahl. Sie wird auf der Grundlage von Karotten bereitet. Dünste

200 g Karotten, in Scheiben geschnitten

bis sie gar sind und püriere sie. Erhitze in einem großen Topf

2 EL Öl

auf mittlerer Flamme und röste darin 3 Min. lang

2 EL Vollweizenmehl

Gieße

1/3 l Milch

in den Topf und rühre, ohne zu unterbrechen, bis die Mischung dick zu werden beginnt. Gib die pürierten Karotten dazu, erhitze alles und füge

2 EL Zitronensaft
1/2 TL Salz
1/4 bis 1/2 TL Ingwerpulver
1 Prise Cayennepfeffer

hinzu. Serviere sofort zu Gemüse oder Getreide.

GOLDEN TEMPLE LAUCH-SOSSE

Wenn ich die Soße für unsere Kinder koche, püriere ich den Lauch. Sie erhält so eine wunderschöne grüne Farbe.

4-6 Portionen

Gieße kochendes Wasser über

200 g Lauch, nur die grünen Teile,
gut gewaschen, gehackt

und lasse ihn 10 Min. lang stehen. Gieße das Wasser ab, bewahre es für Suppen auf oder um den Lauch zu pürieren. Erhitze

2 EL Öl

und röste darin 5 Min. lang

40 g Vollweizenmehl

Gib

1/2 l Milch oder Sojamilch

dazu und rühre die Mischung ohne zu unterbrechen solange, bis sie dick zu werden beginnt. Füge

1 EL Parmesankäse, gerieben
1 TL Honig
1 TL Tamari
1/2 TL Salz
1/2 TL Muskat
1 Prise Cayennepfeffer

hinzu. Erhitze die Soße zusammen mit dem Lauch und serviere sie heiß auf Tofu-Soufflé (s.S. 35), zu gedünstetem Gemüse oder über Auflauf.

ORANGEN-MISO-SOSSE

Kein Erhitzen und superschnell zubereitet! Miso ist ein Produkt aus fermentierten Sojabohnen, Seesalz und „Koji", einem Enzym, das den Fermentierungsprozess in Gang setzt.

4 Portionen

Verrühre **5 EL Miso** mit **8 EL Orangensaft**

Füge **2 TL geriebene unbehandelte Orangenschale**
1/2 TL frische Ingwerwurzel, geraspelt

hinzu. Serviere die Soße zu Tofu, Seitan oder Gemüse.

HEFE-MINZ-SOSSE

Eine gehaltvolle und wohlschmeckende Sahnesoße, die jedes gedünstete Gemüse in ein Feinschmeckergericht verwandelt.

2 Portionen

Erhitze **1 EL Öl**

und röste darin 2 Min. lang
1 EL Vollweizenmehl
100 g rote Paprikastücke

Gieße **200 ml Sahne**
200 ml Milch oder Sojamilch

dazu und rühre, bis die Soße dick zu werden beginnt. Würze mit
2 EL Pfefferminze, getrocknet, fein zerrieben
oder 4 EL Pfefferminze, frisch, feingehackt
1/2 TL Salz
1/4 TL Cayennepfeffer

Erhitze alles sorgfältig und rühre vor dem Servieren
4 EL Hefeflocken

unter die Sosse. Serviere sie heiß.

NEW AGE KETCHUP

Ketchup entstammt der indischen Küche und ist eigentlich ein „Chutney" – eine Beilage, die Geschmack und Stärke der anderen Nahrungsmittel ins Gleichgewicht bringt.

Erhitze

3 EL Sesamöl

füge

2 EL Senfsamen

hinzu und rühre um, bis sie im Topf springen. Gib

100 g Zwiebeln, gehackt
4 Knoblauchzehen, gehackt

dazu und sautiere sie, bis sie glasig sind. Rühre

200 g Tomaten, enthäutet,
in kleine Stücke geschnitten
1 Zimtstange
2 EL Essig
1 EL frische Ingwerwurzel, geraspelt
1 EL Honig
1 TL Salz
1/4 TL Nelkenpulver
1/4 TL Cayennepfeffer

unter die Zwiebeln. Erhitze alles 5 Min. lang unter ständigem Rühren.

Guten  **Appetit!**